MEUS FILHOS MINOTAURO & MINOTOURO

Marina Correia

Meus filhos Minotauro & Minotouro

Lenda e superação

Planeta

Preparação de textos: Eliana Rocha
Capa, Projeto gráfico e diagramação: Thiago Sousa | all4type editorial
Revisão de textos: Eliana Rocha e Lizete Mercadante
Imagens da capa: Jim Kemper/Zuffa LLC
Imagens de miolo: Arquivo pessoal de Marina Correia

CIP- CATALOGAÇÃO-NA-FONTE
SINDICATO NACIONAL DOS EDITORES DE LIVROS, RJ

C844m Correia, Marina
Meus filhos Minotauro e Minotouro : lenda e superação / Marina Correia. - 1. ed. - São Paulo : Planeta, 2013.
148pg. 23 cm.

ISBN 978-85-422-0196-3

1. Nogueira, Antonio Rogério 1976-. 2. Nogueira, Antonio Rodrigo, 1976-. 3. Lutadores marciais - Brasil - Biografia. 4. Mãe e filhos - Biografia. I. Título.

13-05308 CDD: 927.968
CDU: 929:796.8

2013

EDITORA PLANETA DO BRASIL LTDA.
Avenida Francisco Matarazzo, 1500 – 3º andar – conj. 32B
Edifício New York
05001-100 – São Paulo-SP
www.editoraplaneta.com.br
atendimento@editoraplaneta.com.br

AGRADECIMENTOS

Aos meus familiares pelo amor e incentivo na elaboração deste livro. Aos meus pais, Maria Valdir e Júlio Correia (in memoriam).

À minha irmã Marileda.

Aos meus filhos biológicos Jamile, Júlio, Juliana, Rodrigo e Rogério. Aos meus filhos de coração Cli, Veruska, Nelson e Milena.

Aos meus netos Tainá, Raissa, Daniel, Marcos, Bruno, Diego, Rafael, Beatriz, João, Douglas, Valentina; sem me esquecer dos queridos irmãos, primos e sobrinhos.

Às primas e amigas Vânia e Edna, pela acolhida carinhosa e apoio na minha chegada aos Estados Unidos, quando se mostraram verdadeiras irmãs do coração, acreditando na realização do meu sonho e da minha vida nova. A Edna, que me ajudou a realizar um desses sonhos, que foi escrever este livro, e, inclusive, me ajudou como psicóloga... Foi difícil tirar todas estas fortes recordações que estavam guardadas no fundo da minha alma.

A todos os amigos e alunos de ioga pelo constante incentivo.

A todos os fãs do Minotauro e do Minotouro.

Aos amigos José Eduardo, Rosana, Cristina e Marcio pela ajuda na produção deste livro. Aos médicos da Santa Casa de Misericórdia de Vitória da Conquista e do Hospital Martagão Gesteira em Salvador e também aos da nossa família, muito obrigada pelo cuidado e carinho que tiveram para com Rodrigo.

Enfim, ao Onipotente, agradeço por esta graça alcançada.

AOS ALUNOS QUE ENVEREDAM PELA CARREIRA DAS LUTAS MARCIAIS

Que as lutas disciplinem seu espírito e treinem sua coragem, para que a utilize de maneira inteligente nas suas competições.

Use sua energia de maneira sábia, controlando sua agressividade, com respeito às regras convencionadas.

Procure controlar seus nervos, seu coração e sua respiração. Fortaleça seu corpo com uma dieta saudável, cuide de sua mente e de sua higiene, inclusive moral e ética.

Não se transforme num bruto e não acentue o sentido de rivalidade.

Procure não se deprimir nas “derrotas” nem se alimentar de orgulho e vaidade nas “vitórias”.

Além da luta, dedique tempo a seus familiares, seus amigos, sua comunidade e sua pátria.

SUMÁRIO

A VIAGEM

Fecho os olhos por um instante, parece-me um pesadelo. Como gostaria de abri-los em outra realidade!

O barulho ensurdecedor do motor do pequeno avião e os solavancos me trazem de volta para o presente.

Fico assustada, angustiada... As nuvens carregadas prenunciam chuva.

Na imensidão escura, o mar parece engolir o pequeno e frágil avião, onde couberam somente o piloto, eu e Rodrigo.

Sinto-me insegura ao olhar o céu... o mar.

Procuro um pedaço de terra distante e não o encontro.

Volto o olhar ao piloto, jovial, moreno e forte, e percebo suas feições rígidas. Parece-me preocupado, não sei se a causa é o tempo chuvoso ou a situação de emergência em que saímos apressados do hospital de Vitória da Conquista.

Procuro me acalmar com um profundo suspiro. Ouço as batidas fortes do meu coração e tento enganar a mim mesma, fingindo que estou calma.

Retorno meus olhos a Rodrigo e percebo que aqueles olhinhos escuros me transmitem paz.

Observando aquele rosto pálido, porém sereno, sinto a necessidade de apertar sua mãozinha na minha e percebo a minha fria... muito fria! Faço uma prece baixinho. Minha alma só tem pedido preces ultimamente...

Por instantes, serenamente, ele fixa o olhar em mim. Ao mesmo tempo, desvio meus olhos dos seus, para que ele não veja as teimosas lágrimas que rolam na minha face. Enxugo-as disfarçadamente, e ele não percebe que chorei, agora ele contempla o céu, como se estivesse em diálogo silencioso com Deus.

Os solavancos do avião parecem não incomodá-lo. Seus olhos permanecem fixos no horizonte.

Apesar de tantos sofrimentos vividos ultimamente, ele permanece com coragem. Uma chama inapagável vive dentro dele.

Apesar de abatido fisicamente, seu espírito está intacto. Uma fé inabalável numa criança de 11 anos. É como se este rostinho sério escondesse um sorriso confiante e desafiador e me dissesse “Calma, mãe, vamos conseguir!”.

A CHEGADA AO HOSPITAL DE SALVADOR

Quando nos aproximamos da capital baiana, avisto ao longe a encosta verdejante de Salvador e logo depois os prédios. Suspiro profundamente para iniciar uma corrida contra o tempo.

Rodrigo está com uma infecção hospitalar gravíssima, que poderá comprometer órgãos vitais como fígado, rins e pulmões.

Finalmente pousamos.

Somos imediatamente transportados para um veículo que já se encontrava à nossa espera. No trajeto do aeroporto para o hospital, olho para trás e percebo uma enorme fila de carros. São nossos parentes, que nos acompanham, ansiosos.

Enfim, chegamos ao hospital de Salvador. Os rostos amigos nos deixam aliviados e confiantes. O Centro de Isolamento, assim como é chamado no hospital, já estava pronto, apenas nos aguardando. Procuro acomodá-lo e ponho-o nas mãos de Deus. Logo, uma simpática enfermeira, com um sorriso alvo e amigo, aponta-me o quarto em que devo ficar. O quarto simples, de paredes brancas e frias, faz-me lembrar do frio que nos últimos dias eu sentia no estômago. Despejo meus poucos pertences numa cama estreita de lençóis azuis. Será que vou conseguir dormir aqui?, penso.

Nas noites anteriores, eu não havia dormido muito bem no hospital de Vitória da Conquista, pois ficava no mesmo quarto que Rodrigo e checava o tempo todo sua respiração.

Deito naquela cama, sentindo-me um trapo. Fico no escuro para ver se consigo dormir um pouco, mas as lembranças dos acontecimentos recentes invadem minha mente.

Que dia terrível!, penso.

Lembro a correria para o hospital de Vitória da Conquista depois daquela festa de aniversário onde tudo aconteceu. Foi tudo muito rápido.

A FESTA DE ANIVERSÁRIO

Era uma festa de aniversário de um parente, em Vitória da Conquista.

Estávamos, os adultos, dentro de casa, e as crianças brincavam do lado de fora. Nós, mulheres, separadas num grupo dentro da casa, conversávamos descontraídas sobre assuntos diversos, sobre filhos, culinária, moda etc. Os homens, no jardim, conversavam certamente sobre negócios e fazendas. As empregadas domésticas – era assim que as chamávamos na época –, anônimas, usando uniformes impecáveis, passavam servindo-nos deliciosos quitutes em bandejas enfeitadas com babados rendados, sobre as quais estavam cobiçados doces coloridos.

Estávamos entretidos com os quitutes quando alguém sussurrou ao meu ouvido, certamente para não provocar pânico na festa:

– Tenha calma! Seu filho foi atropelado por um caminhão aqui na porta, mas já foi levado para o hospital – disse a amiga com voz embargada.

Senti-me tonta, com as pernas trêmulas, mas mesmo assim saí correndo para pegar meu carro, pois Rodrigo já tinha sido levado pelo pai e alguns médicos que estavam na festa. Quase não enxergava o caminho que tinha que seguir, pois minha visão estava embaçada pelas lágrimas, e as pernas mal obedeciam aos meus reflexos. Comecei a rezar em voz alta, quase gritando:

– Meu Deus! Não deixe que aconteça o pior.

No trajeto, cada minuto parecia um século. Eu não fazia ideia do que havia acontecido realmente com meu filho. A pessoa que me deu a notícia do atropelamento certamente não queria me apavorar.

Comecei a lembrar como Rodrigo havia acordado naquela manhã e logo me vieram as recordações de tudo o que antecedera o acidente.

Era um dia lindo, ensolarado. Rodrigo havia acordado muito cedo. Estava alegre e, como de costume, muito barulhento, animado para ir com o irmão Rogério para o curral. Adoravam tirar leite das vacas holandesas e encher seus canequinhos com um leite quentinho e espumante com canela em pó.

Nesse dia, levantei-me um pouco mais cedo. Estava ansiosa para deixar tudo pronto com antecedência. A primeira coisa que fiz foi abrir a janela do quarto e localizar os meninos no curral. Desembrulhava os presentes que trouxera da recente viagem à Suíça.

– Rodrigo... Rogério! Venham experimentar as calças jeans que eu trouxe para vocês – gritei. Em poucos segundos, eles vieram correndo, acompanhados de seu cachorro da raça *boxer*, guardião do nosso sítio, que não desgrudava deles. Como um raio, entraram no meu quarto pulando a janela.

– Nossa... mãe! Que calça dura!... Parece couro – disse Rodrigo.

– Então, tire logo do corpo que vou lavá-la – completei.

– Não... Nem pensar! Nós queremos desse jeito mesmo. Assim é que é bom para montar nossos cavalos aqui no sítio – responderam juntos.

– Tudo bem. Então não as lavarei.

Despertei das doces lembranças.

Chegando ao hospital, um rapaz moreno e alto, o recepcionista, conversava com um médico que me parecia nervoso ao falar.

– Precisamos urgente desse tipo de sangue.

– Eu tenho esse tipo de sangue – respondeu o rapaz.

Fiquei aflita. Meu coração parecia estar prestes a sair pela boca. Minha intuição me dizia que eles falavam de Rodrigo, e eles saíram apressados, quase sumindo num longo corredor por onde eu tentei acompanhá-los. Vi doentes que pareciam amontoados nas enfermarias, e eu os seguia, esbaforida.

Angustiada, vi os dois entrarem por uma porta que se fechou num barulho seco atrás deles. Procurei me informar com enfermeiras que passavam e então me inteirei de que Rodrigo já estava sendo operado.

A essa altura, meus outros filhos foram chegando.

Rogério estava chorando e, numa atitude de desespero, encostou-se de braços abertos à parede da enfermaria por um longo tempo, parecendo que assim segurava Rodrigo com ele.

– Rogério, você tem que ir para casa descansar. Amanhã você retorna – eu lhe dizia.

Foi realmente difícil convencê-lo a ir para casa para dormir, pois ele ficou assim por longo tempo.

– Quero ficar com meu irmão – ele respondia entre lágrimas.

Meu coração estava partido de ver meu filho, ainda criança, tão desesperado.

O ACIDENTE

A casa vizinha à da festa estava em construção. Um caminhão acabara de descarregar areia, e os meninos brincavam pulando do alto da carroceria do caminhão no monte de areia. Quando o motorista do veículo chegou, todos correram. Ao pular, Rodrigo afundou no monte de areia e não conseguiu se levantar. Sem vê-lo, o motorista deu ré em cima do monte de areia. A areia cobriu Rodrigo, e o caminhão passou por cima dele. Rogério disse que, quando puxou Rodrigo da areia, ele não mais se sustentava nas próprias pernas. Foi aí que os meninos gritaram para os homens que estavam no jardim da casa. Rodrigo foi levado imediatamente para o hospital, pois havia o perigo iminente de uma hemorragia interna, que poderia ser fatal.

Não fazia muito tempo, eu perdera uma irmã em um acidente, em consequência de uma hemorragia interna que culminara em sua morte.

Agora, no hospital, muita gente se amontoava na entrada da sala de cirurgia. O acidente ocorrera por volta das 19 horas e já estávamos em plena madrugada. Foi quando uma enfermeira caminhou na minha direção.

– Estamos preparando o quarto em que vamos acomodá-lo – avisou. – Vá para lá que já vamos levá-lo.

Desesperada, olhei para os médicos e assistentes que iam saindo da sala de cirurgia. Os médicos, exaustos, foram dormir. Os poucos que ficaram na sala discutiam o caso do Rodrigo e sua possível sobrevivência.

Logo o trouxeram com muitos tubos, ligados em grandes jarros de água. Era uma improvisação, pois o hospital não tinha aparelhagem adequada para aquele caso. Lembro que ele foi trazido numa maca onde enfermeiras seguravam os tubos, e lembro também o que um médico me disse:

– Aperte sempre o dedo dele. Se ficar vermelho é porque tem sangue, e ele está vivo. E, se não houver, é porque ele está morto.

Apavorada, não apertei o dedo dele. Tinha medo de que ele estivesse morto. Desesperada, chamei a enfermeira que ficava no pequeno posto do corredor.

– Por favor, fique aqui comigo.

– Agora não posso – ela respondeu.

A OPERAÇÃO

Rodrigo estava em coma desde o momento em que chegou à sala de cirurgia.

Eu permaneci no quarto com ele desde o primeiro dia após a cirurgia e já naquela madrugada, quando o quarto foi clareando, pude ver a palidez mortal de sua face.

Ainda naquela manhã, uma enfermeira me relatou os detalhes da cirurgia, que havia demorado muitas horas, porque ele havia quebrado diversas costelas e alguns órgãos haviam sido perfurados. O fígado estava praticamente esmagado, o pulmão e os rins estavam comprometidos. O quadro era estarrecedor. E ela continuou:

– Os médicos tiveram muito trabalho. O coração foi o único órgão intacto. As pernas sofreram complicadas cirurgias para recolocar as carnes deslocadas dos ossos e disseram que os tendões, ligamentos e nervos podiam estar comprometidos.

Não demorei muito para entender os detalhes pós-cirúrgicos, explicados pelos próprios cirurgiões.

Eles haviam feito o melhor na mesa de cirurgia. Disseram que ele não mais andaria, pois haviam feito uma reconstituição muito complicada das pernas. Ao final, concluíram que só não acontecera o pior por causa das calças jeans que ele estava vestindo. O tecido grosso havia evitado que as carnes das pernas, muito machucadas, descolassem dos ossos – o que teria tornado mais difícil, ou até impraticável, o reenxerto que precisou ser feito.

"Meu Deus, quando meu filho sairá do coma?!", eu pensava, aflita.

As noites eram longas, e eu não me cansava de checar sua respiração. Eram momentos de angústia e expectativa. Foi numa noite, já chegando a madrugada, que ouvi, como uma música suave que entra no coração de uma mãe, uma voz quase sem forças dizer:

– Minha vista está embaçada...

A voz inconfundível do meu filho, que acabava de sair milagrosamente do coma, penetrou em meu coração. Eu não sabia se sorria ou chorava.

Ainda com um resto de forças, ele me pediu:

– Reza, mãe...

Ele estava agonizante. Era terrível. Senti um frio percorrer minha coluna, como se um raio houvesse me atingido.

"Será que terei uma batalha contra a morte?", pensei.

Olhei em direção à porta e dei um grito:

– Enfermeira! Venha aqui. Onde está o médico? Tem algo errado aqui.

A enfermeira atendeu-me prontamente. Checou Rodrigo.

– Não se preocupe. Está tudo certo – concluiu.

– Mas ele está sufocando – retruquei, não concordando com aquela conclusão.

Eu chorava muito. De repente, percebi um médico vindo em minha direção.

– Por favor, venha ver meu filho – pedi.

O médico entrou apressadamente no quarto e começou a mexer nos tubos todos que permitiam que meu filho respirasse.

Concluído os procedimentos, ele se despediu, seguindo em direção ao posto de enfermagem.

– Ignorante! Volte para a escola... O menino estava morrendo – ouvi o médico dizer para a enfermeira num tom nervoso e alto.

Mais tarde, fiquei sabendo que o ar estava entrando diretamente nos pulmões de Rodrigo, sem a filtragem necessária.

Em toda a minha vida, sempre tive a certeza de que a Providência Divina não nos abandona. Calmamente, dirigi-me à enfermaria para fazer uma pergunta ao médico que socorrera meu filho.

– Por que o senhor chegou aqui tão cedo? – perguntei-lhe.

– Não consegui dormir – ele disse serenamente, numa atitude paternal. – Era como se alguma coisa terrível estivesse acontecendo aqui no hospital.

Agradeci-lhe por isso.

Depois desse incidente, Rodrigo ainda teve um "choque" ao tomar uma injeção, mas dessa vez as enfermeiras estavam mais atentas.

O PRIMEIRO HOSPITAL, EM VITÓRIA DA CONQUISTA

Todos os dias pela manhã, ainda bem cedo, eram feitos os exames de sangue de Rodrigo.

Quando tudo parecia acalmar-se, fui informada de algo que não esperava.

– Senhora, o Rodrigo está com uma infecção generalizada – informou-me o médico responsável, com um ar de preocupação.

– Oh, não! – exclamei, em tom de alarme, olhando nos olhos do médico que me trazia a notícia. – Ele parece reagir. Acordou do coma e já está recebendo visitas.

O médico retribuiu o olhar e, em tom de alerta, disse-me:

– Tem que levá-lo para um Centro de Isolamento o mais rápido possível, pois aqui não temos condições de tratá-lo.

Tudo foi providenciado naquela mesma manhã.

De repente, uma senhora magra, de estatura média, cabelos longos e presos em rabo de cavalo, com um jeito muito simples no vestir e falar, aproximou-se de mim.

– Posso ver seu filho? – perguntou-me, humildemente.

Observei a delicadeza da pergunta e percebi uma aflição íntima naquela senhora.

– Claro! – respondi, apontando na direção de Rodrigo.

Rodrigo e Rogério amavam brincar com os meninos vizinhos, que moravam ao fundo do nosso sítio. Sempre que possível, procurávamos ajudar esses vizinhos, que viviam em condições muito difíceis, desprovidos às vezes de condições dignas de vida. Pensei que aquela senhora fosse a mãe de um daqueles meninos.

Após alguns minutos, a senhora saiu do quarto chorando e um pouco apressada.

– Meu Deus! Que menino! – falou, no momento em que saía do quarto.

Retornei ao quarto para saber da visita. Rodrigo sinalizou-me com o olhar que eu me aproximasse.

– Mãe... aquela mulher é a esposa do motorista do caminhão que me atropelou. Não faça nada contra eles. O acidente foi minha culpa e eu já os perdoei – sussurrou ao meu ouvido, comovido com a visita.

Não estranhei uma atitude como aquela do meu filho. E nada foi feito contra o motorista.

SÃO JORGE GUERREIRO

Eu não saía do hospital para nada, pois tinha medo de que alguma coisa errada pudesse acontecer.

Entretanto, naquele dia Rodrigo seria transferido para um hospital em Salvador e eu tinha que retornar a casa para buscar alguns pertences de maior necessidade.

No dia anterior, uma amiga me ligara informando que, próximo a minha casa, havia uma vidente que dificilmente errava. Dizia que ela tinha previsto muitas coisas que estavam acontecendo, e que seria interessante eu ir lá para saber o que aconteceria com o Rodrigo.

Segui para casa, para buscar meus pertences, mas resolvi mudar um pouco o caminho para ver a vidente. "Vou rápido e converso sobre Rodrigo", pensei.

Encontrei o endereço. Bati com suavidade na porta. Aproveitei para dar uma espiadinha pela janela e percebi uma senhora ocupada com seus afazeres domésticos.

Era uma mulher de aproximadamente 50 anos, negra, com uma expressão facial forte, que me recebeu muito gentil e educadamente.

Fui convidada a entrar e logo fui relatando a situação delicada de Rodrigo. Ela fixou o olhar em mim e, como se estivesse em transe, começou a falar:

– Não se preocupe! Seu filho não vai morrer, pois é um guerreiro protegido de São Jorge. Muitas coisas extraordinárias irão acontecer na vida dele. – Fez uma pequena pausa e concluiu: – Quando vocês estiverem pensando que algo ruim irá derrubá-lo, acalmem-se. Ele se levantará, pois é realmente um guerreiro.

Eu estava com pouco tempo para permanecer com ela, e por isso saí apressadamente. Agradeci à senhora, pois, ao ouvir aquelas palavras, senti brotarem em mim novas forças de esperança e fé.

A VISITA DOS AMIGOS DO "PELA-JEGUE"

Apesar do nome um tanto estranho, "Pela-Jegue" era a denominação dada a uma pequena comunidade constituída de uma rua muito comprida e estreita, situada atrás do sitio onde morávamos. Eram pessoas que viviam em constantes dificuldades e, pelas características do local, acredito que a comunidade resultara de uma invasão.

Numa oportunidade, muito sensibilizada, doei um pedaço de terra para que se construísse ali uma escola infantil. Assim, poderia contribuir um pouco para dar uma melhor qualidade de vida às crianças de lá.

Por intermédio de Rodrigo e Rogério fiquei sabendo que a maioria dessas crianças estava sem aprender a ler e escrever.

Fiquei muito preocupada com essa situação. Doar um terreno não bastaria. Teria de tomar outras providências. Fui conversar com freiras do colégio onde eu ensinava, expus a situação, e elas me prometeram construir uma escola no local, junto com a comunidade,

Gostei muita da ideia. Sempre acreditei que, por meio da educação, aqueles meninos teriam uma chance a mais na vida, pois o que mais queremos é que todos tenham uma vida digna, um futuro melhor, e sejam verdadeiros cidadãos.

Era dia de visitas no hospital onde Rodrigo estava se recuperando do acidente do caminhão. Bateram baixinho na porta e, ao abrir, tive uma agradável surpresa:

–Viemos visitar o Rodrigo – disse timidamente um dos garotos.

Eram as crianças do Pela-Jegue que costumavam brincar com meus filhos e agora estavam ali para visitar Rodrigo.

Notei que, apesar das roupas pobres e rasgadas, eles estavam limpos, calçados e bem penteados.

A um sinal da minha mão, eles me seguiram, em fila, como numa procissão silenciosa. Quando se aproximaram de Rodrigo, saí, deixando-os sós.

Foi muito lindo esse acontecimento.

A RECUPERAÇÃO

Rodrigo iniciou a recuperação após as cirurgias de reconstrução feitas nas pernas, em Vitória da Conquista. Utilizava uma cadeira de rodas para se locomover pelas instalações do hospital.

Fiquei sabendo que, numa das cirurgias feitas no primeiro hospital de Vitória da Conquista, esqueceram um cateter em seu pescoço. Foram tantos os procedimentos médico-cirúrgicos emergenciais que até pensei que esse esquecimento poderia ser desculpável. Entretanto, para o Rodrigo, que se recuperava e tentava vencer a ansiedade e a aflição para retornar ao lar, à sua vida livre e quase "selvagem", talvez fosse incuportável ter que passar por tudo novamente. Quando Rodrigo ficou sabendo da notícia do cateter e que precisaria se submeter a novo procedimento cirúrgico, sua reação não poderia ser outra.

Num piscar de olhos, ele despistou-nos e fugiu sozinho, na cadeira de rodas, com as vestes do hospital. Quando conseguiram alcançá-lo, ele já estava longe, ganhando a liberdade pelas ruas de Salvador. Mas não adiantou, fomos buscá-lo. Vencido e conformado, ele arranjou uma boa desculpa: disse que estava apenas passeando pelos arredores.

– Mãe, faltam quantos dias para irmos embora? – ele me perguntava todo santo dia.

– Logo, Rodrigo – eu respondia sempre.

– E as minhas pernas? Vou conseguir andar?

Essa era outra pergunta que ele repetia sempre. Olhei nos seus olhos, tentando lhe dar confiança, mas sem saber se essa confiança era para mim ou para ele.

– Vai andar! E como vai... – eu respondia, tentando me convencer.

O tempo, que parecia parado, era alegrado pelas visitas dos parentes, que viam um milagre na sua recuperação.

Ele fez muitos amigos no hospital. Lembro-me de um jovenzinho que teve o rosto desfigurado por queimaduras e que sempre o visitava.

Minha mãe, que antes estava abatida, agora se mostrava muito feliz e não saía da cabeceira da cama do neto, trazendo sempre suas guloseimas preferidas.

Lembro-me de que, pela manhã, quando ele acordava, contava-me seus sonhos com os olhos brilhando de lágrimas ao falar do irmão Rogério.

– Mãe, você se lembra daquele dia que eu e o Rogério subimos em um paredão quando visitávamos nossa tia em Patamares? – ele me perguntou um dia.

– Lembro, meu filho – respondi, afagando seus cabelos.

Recordo-me do episódio. Estávamos visitando a família em Patamares, muito entretidos em casa com os parentes, quando um amigo nos avisou de que os meus filhos estavam escalando um barranco perigosíssimo. A prefeitura de Salvador tinha construído umas reentrâncias para que o barranco não desmoronasse em cima das casas situadas logo abaixo.

Quando tomamos ciência do fato, foi um deus nos acuda. Tivemos que chamar muitos homens com cordas para tirá-los de lá.

Até hoje, não sei como eles conseguiram subir àquela altura estonteante.

Nesse dia, Rodrigo narrou essa escalada como se fosse um pesadelo, no qual ele gritava pelo meu socorro o tempo todo.

Nem gosto de lembrar o enorme susto que tomamos. Entretanto, eles não foram castigados.

Acho que estavam sentindo falta dos paus-de-sebo em que costumavam subir lá no sítio e, quando vieram para a cidade grande, procuravam lugares para escalar.

Não me lembro de ter visto Rodrigo, em meio a tantas cirurgias, se queixar de dores. Era incrível sua resistência, e os médicos ficavam admirados da sua rápida recuperação.

Finalmente, numa noite, cerca de cinco meses depois do acidente, chegou a notícia mais esperada por todos:

– O pior já passou. Amanhã vocês já podem sair. O Rodrigo está de alta médica – anunciou uma jovem enfermeira com um sorriso largo no rosto.

A alta do hospital era a palavra que queríamos ouvir. Agora a preocupação era arrumar nossas coisas em uma mala que ficava sobre uma cadeira no quarto.

Nada era tão importante para mim quanto ver meu filho vivo. Esqueci até mesmo das suas pernas e não questionei, em absoluto, se ele retornaria a andar como antes. Eu o queria vivo.

Uma surpresa ainda viria completar nossa alegria. Quando, antes da saída do hospital de Salvador, as enfermeiras finalmente desenfaixaram suas pernas por completo, pude agradecer a Deus ao ouvir da boca de Rodrigo:

– Eu posso andar... eu posso andar... eu posso andar...

Não aguentei de tanta emoção. Éramos as pessoas mais felizes do mundo.

O NASCIMENTO

Era uma noite de inverno do ano de 1976 numa cidade da Bahia chamada Vitória da Conquista. Chovia fino. A garoa fina e fria fazia doer os ossos. Eu tinha ido às pressas para o hospital, pois, desde o dia anterior, não estava mais conseguindo caminhar. A barriga estava enorme, e eu sentia fortes dores como se minhas costelas na frente estivessem sendo empurradas para cima. Às vezes, era necessário enfaixá-las, pois somente assim conseguia dormir. As dores tinham se intensificado no começo da tarde.

Fui para o hospital e de lá telefonaram para o meu médico. Mas ele não podia me atender, estava numa emergência. Inconformada com a situação, vi um médico velhinho entrar. Era magro, de aparência frágil, olhos azuis fundos e um nariz grande. Seus cabelos muito brancos se misturavam com a palidez da face, e os lábios finos esboçavam um sorriso calmo.

– Vamos fazer o exame? – ele perguntou.

– Aqui mesmo? – indaguei, pois estava ainda na antessala de parto.

– Sim – respondeu o médico. – Ele fez o exame e me disse: – Você já está em trabalho de parto.

– Não! – gritei, exasperada. – Quero fazer uma cesariana! É tudo particular.

– Não pode – ele respondeu.

– Então me dá uma anestesia – Tentava esconder o medo, fingindo uma voz firme e autoritária.

– Está realmente nascendo, não posso virá-la – disse ele calmamente.

"Ai meu Deus, esse bebê deve ser um gigante. Como vou ter um parto normal?", pensei. E assim foi. Nasceu um grande bebê e depois, para nossa surpresa, veio outro, mais magro.

"Meu Deus! Dois bebês? Já tenho três!" Pensei no trabalho que iam me dar. O médico disse:

– Espere, parece que tem outro.

– Não! – gritei, apavorada.

Não queria ter tantos filhos. Ele esboçou um sorriso. Aliviada, vi que era uma enorme placenta. "Por que vieram dois?", pensei, assustada. "Será que foi por causa do aborto que eu tive? Acho que este queria vir de qualquer maneira." Respirei, aliviada e conformada. Agora a "falta de ar" e a dor que sentira apertando meu peito não eram tão intensas, talvez antes houvesse sido pelo susto. Comecei a me acalmar. Saí da sala numa maca barulhenta, sentindo os solavancos no meu corpo dolorido. Minha mãe veio ao meu encontro e, vendo os bebês, me disse:

– Que bebês grandes! Não temos roupas para dois. Tenho que providenciar. – E saiu apressada.

Naquele tempo, no interior, usávamos costurar os casaquinhos de bebês com tecidos de flanela, e as fraldas não eram descartáveis. Puxa! Que susto! Eu tinha feito exames com dois médicos. Por não haver ultrassonografia naquela época, eles não perceberam dois bebês, pois só escutaram um foco de batida de coração. Depois entendi que isso aconteceu porque os bebês estavam abraçados, um de frente para o outro. E que um nascera magro porque sugava menos seu sustento. Quando são dois bebês, às vezes um morre por causa disso.

No quarto, uma enfermeira morena, alta e forte entrou com meus dois bebês, um em cada braço. Muito feliz, eu os recebi. "Este da carinha cheia se chamará Rodrigo, e o menos gordo se chamará Rogério", pensei.

Recebi muitas visitas. Minhas amigas admiravam os bebês grandes e fortes, e se ofereciam para ajudar a cuidar deles. Atrapalhei-me para amamentá-los. Para não confundi-los, o que já estava acontecendo, mandei comprar duas pulseiras com o nome de cada um gravado. Dois berços foram providenciados, e eu os levei para casa.

Minha filha mais nova passou mal quando nos viu entrar.

– Dois bebês! – exclamou, pálida, com dificuldade para respirar.

– Calma, menina! – gritei. – Alguém traga um copo de água com açúcar para ela, por favor.

À noite, tomei uma garrafada de gosto amargo, feita com ervas e cachaça, que uma conhecida me trouxera.

– Tome que ajudará no resguardo do parto – ela disse.

Nessa mesma noite, notei que minha filha mais velha conversava, eufórica, e percebi que ela tinha experimentado a tal garrafada.

Ao dar as mamadeiras para os bebês, eu sempre conferia as pulseiras, depois que certo dia Rodrigo mamara duas vezes, e Rogério ficara com fome. Eu gostava de ficar com os dois no colo, pois naquele ano o inverno foi rigoroso, e eu tivera a notícia de que uma criança gêmea tinha morrido em consequência disso.

Um dia, no mercado, uma senhora me perguntou.

– Já nasceu?

– Sim e são gêmeos – respondi, alegre.

– E os mabaços[1] estão se criando?

Nem respondi. Deixei tudo o que estava comprando e voltei às pressas para casa. Minha mãe veio ao meu encontro.

– Onde estão as compras? – ela indagou.

– Não trouxe. Alguém me perguntou se os bebês estavam vivos, e eu me assustei.

Aí ela me explicou que o índice de mortalidade de bebês era alto na sociedade pobre e que a morte dessas crianças era "comum" para eles.

1 Mabaços, gêmeos, na linguagem popular.

A FESTA JUNINA DE PRIMEIRO ANIVERSÁRIO

Os bebês cresciam fortes e saudáveis.

– Que bebês robustos! – exclamavam as moças que me ajudavam a cuidar deles. Já iam completar um ano, e eu tinha que começar a preparar a festa de aniversário.

Aproveitando a comemoração de São João, aluguei um salão para a festa. Para as quadrilhas juninas, foram colocados altos mastros de madeira enfeitados de fitas coloridas. A criançada dançava alegre a quadrilha em suas vestimentas juninas. O som da música sertaneja vibrante e alegre contagiou os adultos, que entraram na dança.

Rodrigo e Rogério vestiam camisas quadriculadas de vermelho e chapéu de palha, além do bigode que pintei com meu lápis de maquiagem. No início estavam assustados, mas aos poucos foram relaxando e logo se entrosaram com as outras crianças.

O cheiro de canela do mungunzá de milho invadiu o ambiente. As comidas típicas, como os biscoitos ximangos, beijus de tapioca e pamonhas, eram servidas com fartura. Os licores de jenipapo e maracujá, feitos com cachaça artesanal vinda da fazenda do meu pai, eram saboreados pelos adultos com cara de aprovação. Os pequenos donos da festa não se mostraram cansados, e a festança se prolongou noite adentro. Puxaram a meu pai, que dizia andar sempre acompanhado por um sanfoneiro.

AS PERNAS ENGESSADAS E OS COCOS

As esperadas férias de dezembro chegaram, enfim. Pensei que seria bom levar as crianças para uma temporada no sítio de minha irmã em Salvador. Rodrigo e Rogério foram apresentados ao mar. Corriam alvoroçados na areia e nas ondas espumantes, que lhes batiam nos pés. Gostaram tanto do mar que era difícil tirá-los de lá.

À tarde, uma brisa gostosa balançava o coqueiral. Um dia, quando estávamos todos na varanda, Rodrigo me indagou:

– Onde está o meu toalete?

E Rogério veio logo atrás, reclamando também.

Meu Deus!, pensei, sentindo que iria enfrentar um grande problema, pois os dois, desde novinhos, estavam acostumados a usar o toaletezinho, onde se sentavam, relaxados, tomando a mamadeira. Levei-os para o toalete dos adultos e nada. E agora?, pensei. Então, uma solução me ocorreu. Pedi que alguém cortasse um grande coco verde e os convenci de que aqueles eram seus novos toaletes. Eles aceitaram, para alívio de toda a família, que agora assistia aos dois sentados nos cocos. Tive que sair às pressas para comprar novos toaletes infantis.

No ano seguinte voltamos ao sítio. Um ortopedista amigo, depois de diagnosticar que as pernas deles estavam entortando, disse que, para corrigi-las, era preciso engessá-las até acima dos joelhos. Rogério não conseguia andar sozinho; tinha que ser carregado no colo, com todo aquele peso. Mas o Rodrigo deu um jeito de caminhar com o gesso nas pernas, pulando de um lado para outro. E todos o achavam engraçado, pois parecia um palhaço de pernas de pau.

A FESTA DE SÃO COSME E SÃO DAMIÃO

A Festa do Caruru é celebrada todo ano na Bahia para homenagear os santos Cosme e Damião. Naquele ano, recebi o convite de uma amiga, cuja mãe tinha uma irmã gêmea, para participar e levar meus meninos. Na época, Rodrigo e Rogério estavam com três anos, tinham tirado há um ano os desconfortáveis gessos que usavam desde um ano de idade para corrigir as pernas. Agora usavam botas ortopédicas, para complementar o tratamento de correção das pernas.

Arrumei os dois com "roupas de domingo". Muitas vezes, tinha que olhar atentamente para não os confundir, mas gostava que se vestissem de modo igual. Lembro que uma noite, na sala de estar um tanto escura, pois eu assistia televisão, os dois passaram correndo e desligaram a tevê, para me pregar uma peça ou querendo minha atenção. Segurei um pelo braço.

– Onde já se viu uma coisa dessas! – disse, muito brava. – Não vê que estou vendo a minha novela? – (Esta é uma tradição dos brasileiros depois do jantar.)

– Não fui eu – disse Rogério, me olhando, assustado.

– Como estou em dúvida, os dois vão já para a cama.

Compenetrados agora em suas roupas novas, shorts e camisa de malha amarela, contrastando com os cabelos escuros e a pele morena, lá foram os dois ao meu lado para a Festa do Caruru.

A casa era pequena para tanta gente. As duas senhoras gêmeas, de uns 60 anos, vieram nos receber à porta. Eram de estatura baixa, pele clara e cabelos cortados muito curtos. Como eram gêmeas idênticas, era muito difícil distingui-las.

– Entrem – disseram as duas ao mesmo tempo. – Que meninos graúdos – elogiaram.

Numa mesa grande e redonda, onde se sentavam crianças gêmeas de várias idades, duas cadeiras já estavam separadas para Rodrigo e Rogério. Pude ver a cara admirada dos dois olhando todas aquelas crianças idênticas. Duas meninas loiras de olhos azuis e cabelos trançados sentavam-se perto deles. Do outro lado, dois meninos negros, de cabelos muito curtos, e, adiante, dois meninos morenos de cabelos compridos pareciam índios amazonenses. Pareceu-me que a mistura da raça brasileira estava representada naquela mesa, decorada com velas brancas, vermelhas e verdes. Os doces tinham sido embrulhados em papel celofane colorido, e os saquinhos brancos de pipoca, amarrados com fitas verdes, combinando com as roupas de São Cosme e São Damião, cuja grande imagem enfeitava o centro da mesa.

O cheiro do azeite do dendê do caruru e do vatapá recendia por toda a casa. As duas senhoras gêmeas estavam sentadas à mesa e entoavam cantos seguidos, acompanhados pelo pessoal ao redor.

A cerimônia seguia um ritual. Pequenos pratos com comida foram postos perto dos santos como oferenda. As crianças olhavam atentas, silenciosas e respeitosas. Finalmente, o protocolo foi quebrado quando começaram a ser servidos os pratos que eram trazidos em grandes bandejas. Primeiro foram servidos os convidados mais importantes, as crianças sentadas ao redor da mesa redonda.

Nós nos divertimos tanto naquele dia que nem sentimos que já era muito tarde quando voltamos para casa.

A CASA GRANDE

Estávamos, enfim, na casa grande. Até chegarmos a essa casa, viemos de três outras mudanças, o que foi exaustivo para todos nós. Agora, além de meus cinco filhos, mais quatro crianças moravam conosco, depois do falecimento de minha irmã em um acidente. Eu tentava conciliar as crianças que chegaram com as minhas, sem distinção, com igualdade. Rodrigo e Rogério sentiam ciúmes de um sobrinho que tem a mesma idade deles.

Redobrei a minha atenção, pois que os dois já brigavam entre si, o que assustava a enfermeira que veio cuidar da sobrinha caçula. Ela ficava aterrorizada com as brigas entre os dois e muitas vezes queria apartá-los. Nessas ocasiões, o que estava por baixo se levantava e defendia seu agressor, dizendo para a enfermeira, muito bravo:

– Não fala assim com o meu irmão, porque eu não gosto.

Ao que ela respondia:

– Então que se matem!

E os deixava em paz.

Um dia levamos um grande susto. As crianças brincavam no pomar, entretidas com um carrinho de construção. De repente, ouvi uma grande algazarra. O barulho entrou pela cozinha e saí correndo para ver o que se passava. Parei à porta e vi, hipnotizada, uma grande ave, muito conhecida no Nordeste, voando em círculos. Era um carcará, ave muito forte e valente, famosa por atacar bezerros. Rodrigo, que estava muito perto de mim, segurou minha mão. A ave virou a cabeça para um lado, fixou o olhar na caça e, num voo preciso e muito rápido, desceu e apanhou a presa, um grande coelho, em segundos. Soltando um pio ensurdecedor, vitorioso, voltou a ganhar o infinito, rasgando o céu e batendo suas grandes asas, agarrada ao seu troféu e sem se assustar com o grito das crianças. Levei a mão ao peito de Rodrigo e ao meu para comparar as batidas dos nossos corações, que eram fortes e aceleradas. E sorrimos um para o outro, numa cumplicidade de aprovação pela coragem e valentia daquela ave, que conseguiu o que queria.

O estábulo que ficava atrás da casa era palco de vaquejadas que faziam com os bezerros, comandadas por Rodrigo e Rogério com a participação das crianças do Pela-Jegue. Eles não brincavam com os meninos da escola onde estudavam, porque diziam que eles não aceitavam as brincadeiras de que gostavam. Estavam sempre apelidando uns aos outros, e os apelidos eram os mais criativos possíveis. Os apelidos que pegavam eram os revidados com mais rancor.

Rodrigo se enfezava facilmente. Certa vez, um tio lhe pregou uma peça e foi preciso intervir para acalmá-lo. Eu tinha de colocá-los sempre de castigo, um de frente para o outro.

Dormíamos muito cedo, pois de madrugada todos já estavam acordados, sentados à grande mesa onde era servido o café com pão de queijo muito quente, disputado com gulodice.

Uma vez, uma professora pediu ao Rodrigo uma redação sobre o que era importante na família. Ele relatou que, para ele, o mais importante eram as refeições feitas na mesa grande, o que serviu, durante muito tempo, de galhofa entre os irmãos. A professora também reclamava das notas e do boletim, que era sempre escondido, o que representava para mim uma verdadeira caça ao tesouro. O que não era o caso do irmão mais velho, que era muito estudioso e reclamava do cheiro dos meninos que andavam no curral. Ele não aceitava aquele tipo de brincadeiras. Por estudar muito, era poupado dos trabalhos de casa, o que Rodrigo e Rogério não aceitavam e diziam que era "falsidade".

Rodrigo e Rogério eram muito bagunceiros. Tive que contratar uma babá para arrumar as coisas deles. Quando o pai da babá veio trazê-la, disse:

– Mas eles já são rapazinhos, não precisam de uma babá.

Isso era porque eles eram fortes e graúdos, e aparentavam ser mais velhos do que eram realmente.

O PEDIATRA

Foi numa reunião do Lions, associação filantrópica, da qual eu era membro, que o assunto me chamou a atenção. As mulheres comentavam:

– Meu filho tem um ótimo pediatra.

Ao que a outra respondia:

– E o meu tem um espetacular!

Fiquei calada, meio tímida, pensativa. Os meus filhos não iam a um pediatra, pensei. Eu só os levava para tomarem as vacinas no posto público de saúde.

Eles tinham uns 4 anos quando os levei ao pediatra pela primeira vez. O médico era um homem magro, de feições desbotadas, abatido apesar de jovem. Sorriu gentilmente e nos convidou a entrar. Lembrei que me falaram que ele tinha medo de dentista.

– Entrem, por favor – disse. – Que meninos fortes! – acrescentou, e os colocou de pé em cima de sua mesa. – Nunca vi meninos nesta idade com músculos! Ele os têm até nas costas.

– Ah! – lembrei. – É que eles brincam com um carrinho de mão que foi da construção da nossa casa. Um carrega o outro.

– Eles estão muito bem – elogiou o médico.

Saí dali tranquila, sentindo-me melhor com a minha consciência. A verdade é que eles não precisavam de pediatra. Eu os tratava com ervas. Aprendi com minha avó, que era uma rezadeira conhecida na cidade de Jequitinhonha, em Minas Gerais.

Eu tinha uma horta e um pomar no fundo da casa. E conhecia de cor as propriedades das ervas. As folhas do cajueiro e da goiabeira eram utilizadas quando os meninos tinham diarreia. As de erva-cidreira eram usadas quando eles tinham febre. As de boldo e de hortelã eram para o estômago. As de mastruz eliminavam vermes. As de confrei estancavam a hemorragia, e eu as usava quando eles se cortavam. A água de coco verde era usada nos estados de convalescência (e até hoje ainda é utilizada nos hospitais do Nordeste do Brasil). Usava a canjiquinha de arroz com cenoura para normalizar o estômago. Fazia suco de beterraba com laranja, que os deixava corados e eles tomavam com prazer. O suco de maracujá era utilizado para acalmá-los. Os frutos do maracujá eram colhidos em uma cerca onde se misturavam as frutas amarelas e suas lindas flores lilás. O leite fresquinho, tirado cedinho das vacas holandesas, também contribuía para que os meninos crescessem saudáveis.

O JUDÔ

Quando Rodrigo e Rogério completaram 4 anos, levei-os à academia de judô de um conhecido professor da cidade. Eles experimentaram os quimonos e, compenetrados, se olharam nos espelhos grandes do quarto. Isso foi para mim um bom sinal. Eles gostavam de roupas novas, e eu acabara de fazer pijamas listrados que eles tinham visto numa revistinha em quadrinhos.

O assunto do judô já tinha sido conversado. As perguntas foram muitas:

– Vão nos pôr de castigo?

– Depende – respondi. – Se vocês se comportarem mal, vão. As lutas agora vão ser por lá, não mais aqui em casa.

"Espero que esse professor seja realmente bom nessa disciplina que prega", pensei. Eu não sabia muito sobre as artes marciais, mas tinham me dito que elas priorizavam a disciplina. Isso para mim era o bastante, pois poderia ajudar na educação dos dois.

Para minha surpresa, no dia da primeira aula, eles já estavam prontos antes mesmo da hora. Notei que olhavam uns para os outros, pois o primo também já estava uniformizado. Rodrigo e Rogério tinham um olhar de expectativa e desafio, como que dizendo: "Agora vamos lutar sem problemas". Falavam alto, animados, e o irmão mais velho os escutava, indiferente. Ia somente para acompanhá-los, pois gostava mesmo era de estudar atrás de uma grande pilha de livros, como se assim tivesse um pouco de privacidade. O primo se mantinha quieto e calado, sem mostrar nenhum entusiasmo.

Esse meu sobrinho me dera trabalho para voltar a falar corretamente, pois era gago e não pronunciava o "c". Eu mesma o ensinei a falar direito novamente, abrindo a boca e mostrando que tinha de pôr a língua para fora e falar espaçadamente: car-ro, ca-sa etc.

A academia do professor ficava na praça principal da Igreja Nossa Senhora das Vitórias. Como chegamos um pouco antes da hora da aula, tive oportunidade de apresentar as crianças e conversar um pouco com ele. Notei que o professor, apesar de forte e musculoso, andava com dificuldade. Soube que isso ocorrera em consequência de um carro que ele empurrara, comprometendo suas costas.

Pela maneira como o professor foi acomodando as crianças quando começou a aula, e pelo cumprimento inicial, uns inclinando-se diante dos outros, vi que a disciplina era realmente ensinada. Saí dali confiante, sentindo que as crianças estavam em boas mãos.

O BATIZADO

Era tempo de férias, e a casa estava cheia dos familiares vindos de outras cidades.

Foi quando me ocorreu batizar Rodrigo e Rogério, que já estavam com 6 anos.

– Esses meninos não podem crescer pagãos! – dizia minha mãe, que era muito religiosa.

Aproveitei que a família estava toda reunida e planejei o batizado deles para o fim de semana seguinte. Muito cedo, saímos numa comitiva de cinco carros para a pequena cidade de Poções, vizinha a Vitória da Conquista.

Os gêmeos vestiam calças marrons compridas, paletós e gravatas-borboletas. Estavam sisudos e compenetrados, pois não tinham o costume de se trajar a rigor. Os cabelos foram arrumados com brilhantina e recendiam a perfume de alfazema, que usavam nas ocasiões especiais.

Notei que estavam um pouco calados depois que perderam os dentes da frente, o que acontecera na noite anterior. O interessante é que os dentes dos dois amoleceram ao mesmo tempo.

– Mãe! Nossos dentes estão moles – gritaram, batendo na porta do meu quarto, pois eu já tinha me recolhido. Abri a porta e lá estavam os dois, de pijamas listrados de azul, amarrados por um cinto de couro na cintura. Teria que solucionar aquele problema, porque senão os dois não dormiriam naquela noite.

– Está bem, vou arrancá-los – disse, procurando acalmá-los. Amarrei os dentinhos com fio dental, pois já estavam quase soltos. – Um... dois... três... – contei, séria, e os arranquei. – Vão bochechar com água e sal e guardar os dentes debaixo do travesseiro, que serão recompensados com dinheiro amanhã. – Dei um pedaço de guardanapo para cada um, e saíram os dois levando os dentes com muito cuidado.

Quando chegamos à igreja, um padre magro, alto, nos conduziu para a sacristia, onde seria realizada a cerimônia. Os dois acompanhavam, curiosos, todo aquele ritual, com os padrinhos de pé atrás de cada um, como a resguardá-los. Minha irmã mais nova foi a madrinha do Rogério, e um senhor de meia-idade, amigo da família, o padrinho do Rodrigo. Desde aí, esse senhor sempre o visitava, trazendo brinquedos bonitos. Mesmo quando Rodrigo já estava morando em Salvador o padrinho sempre aparecia, ainda que numa visita rápida, perguntando se todos estavam bem.

Cada um segurava uma vela e, solene, olhava o sacerdote, que pronunciava palavras em latim. Numa grande pia, derramaram água benta sobre suas cabeças, que foram enxugadas com uma pequena toalha, alva, de linho. Minha mãe veio para abraçá-los. Acho que agora sentia-se reconfortada ao saber que estavam "salvos".

E a comitiva voltou para a casa grande para comemorar o evento com um churrasco.

TEMPO DE ESCOLA

Estava chegando o tempo de irem para a escola. Eu observava melhor a personalidade dos dois. Eram líderes natos. Formaram um time de futebol, que tinha como mascote duas cobras. Levei um susto quando descobri que eram venenosas. Fiquei muito brava com o caseiro.

– Quando estes meninos querem algumas coisas, dona Marina, a gente termina fazendo – disse ele.

Durante o almoço, os dois confabulavam sobre a programação com os meninos do Pela-Jegue e arrumavam uma maneira de escapulir. Quando eu me dava conta, só ouvia o eco de suas vozes sumindo ladeira abaixo.

Rodrigo e Rogério se metiam sempre na conversa dos adultos. Chegavam sisudos, cumprimentavam as pessoas com um aperto de mão e, inteirando-se do assunto, puxavam conversa, muitas das vezes do interesse deles.

– Quanto você acha que meu cavalo vale? – perguntou Rodrigo certa vez, compenetrado para se informar.

– Cavalo está valorizado – respondeu alguém

– Estava pensando em vender o meu e comprar outro.

– Onde já se viu criança vender cavalo? – disse eu, querendo cortar a conversa.

– Mas o cavalo não é meu? – ele respondeu, inconformado.

– Criança não vende as coisas – afirmei, autoritária, mandando-os para outra sala.

E o dia de ir para a escola estava se aproximando. Eu tentava prepará-los emocionalmente. Será que iam se adaptar?, eu indagava a mim mesma, já sabendo que seria difícil. No primeiro dia de aula, ansiosa, fui acordá-los, e os dois saíram da cama de má vontade, pois sabiam que iriam para a escola. Eu tentava convencê-los de que era um lugar ótimo, e a professora, muito boa.

Levei os dois e o primo da mesma idade, que morava conosco. Quando fui apanhá-los, eu os vi juntos, de certa distância, atrás de um portão de ferro alto. Do meu carro, buzinei para que a moça os liberasse. Ela olhou para mim e para meu sobrinho e deixou-o sair. Acho que, por ele ser claro como eu, a moça se confundiu.

– Ela não é a mãe dele – gritou Rodrigo, que foi tirando os sapatos e os jogou no telhado da escola.

Desci do carro às pressas para explicar e solucionar a situação.

– Não imaginava que a senhora tivesse três filhos da mesma idade – disse a moça, aflita, se desculpando. Fomos para casa com o sobrinho choramingando, desconfiado, e o Rodrigo tão furioso que até uma pequena lâmpada do carro ele mastigou. O dia finalizou com um suco de maracujá e todos dormindo cedo.

A PROFESSORA PARTICULAR DEPOIS DO ACIDENTE

Finalmente, Rodrigo tinha se recuperado bem. Para minha alegria e de toda a família, ele caminhava. Não tinham ficado sequelas. Por conselho médico, ele só precisava nadar para recuperar mais os pulmões. Como passara muitos meses no hospital, estava difícil para ele recuperar o ano escolar, pois Rogério e Rodrigo sempre me deram muito trabalho com os estudos. Escondiam os deveres de casa até debaixo do forro do sofá. Era um grande desafio para mim manter controle sobre os estudos deles. Mesmo assim, ainda que as notas não fossem as melhores, eles passavam de ano.

Arrumei uma professora particular para ajudá-los. O Rogério estava incluído, pois, com a ida do Rodrigo para Salvador, tinha se atrasado na escola. Acho que todo o ocorrido o abalou psicologicamente. A professora particular foi indicada por uma amiga.

– Essa professora é a melhor que conheço – ela me disse, entusiasmada. – E o Rodrigo vai recuperar o ano.

Levei os dois comigo, pois queria conhecer melhor a professora. A porta foi aberta com uma rapidez nervosa. Olhei aquela mulher esguia e altiva, muito magra, de tez alva e cabelos brancos, trançados, que lhe caíam nos ombros. Notei seus olhos castanhos fundos, com olheiras escuras. Estiquei a cabeça para ver melhor a sala onde estavam os alunos e vi que ali estavam os mais travessos, que eu conhecia da escola particular onde dava aulas de educação física. Eu já tinha sido avisada de que a professora batia nas crianças. Então chamei o Rodrigo, que se colocou entre nós, e falei com voz firme:

– Rodrigo, tire a camisa. – Ele prontamente obedeceu, já sabendo do que se tratava. Era o que fazia com frequência ultimamente para o povo que o olhava, admirado. Quando a professora viu as cicatrizes no peito e nas costas do Rodrigo, abriu a boca e ficou pálida.

– Nossa! O que foi isso? – perguntou, aterrorizada.

– Foi um caminhão que o atropelou – respondi. – Olhe, se tiver de corrigir meus filhos, me diga que eu mesma os corrigirei – continuei, muito séria.

– Não se preocupe – ela respondeu, meio sem graça, e comentou ainda: – Não bato em criança.

Um pouco mais confiante, eu os deixei com a professora e saí.

O VELHO CASEIRO

O caseiro, que cuidava das flores e do pomar, morava na comunidade do Pela-Jegue. Era ele quem plantava as ervas e as hortaliças, com as quais eu fazia saladas frescas e coloridas de couves, tomates e pimentões, que temperava com limão para acompanhar o quibe de assadeira.

– Dona "Maurina" – dizia o caseiro, trazendo uma vasilha cheia de folhas de alface. – Tive que colher todas de uma vez, senão passava do tempo.

Ele tinha uma voz firme, era alto e forte para os seus 68 anos e tinha uma pele clara curtida de sol. Sua natureza era tranquila, e os pequenos Rodrigo e Rogério gostavam muito dele.

– Obrigada, não tem problema – eu dizia, recebendo a bacia e já pensando que as folhas iam ser consumidas rapidamente, pois era insaciável o apetite daqueles pequenos.

Um belo dia o velho não veio trabalhar. Mandou um recado de que estava doente. E foram se passando os dias. Resolvi ir lá averiguar. Passei pelos fundos do sítio e procurei me informar na pequena rua de casas pequenas e rústicas onde ele morava. Vi que ficava perto do terreno da escola. Bati na porta, que foi aberta por uma senhora magra, negra, com cabelos crespos presos pela metade por um lenço. Parecia jovem. Eu já a tinha visto de longe, pois costumava buscar leite no curral, que eu tinha liberado para algumas pessoas daquela comunidade.

– Entre – ela falou baixinho, como se quisesse se desculpar pela humildade da casa.

– Obrigada – respondi, notando que a pequena casa estava cheia de gente, que foi "abrindo passagem" para mim. Pude ver que, ali mesmo na sala, o velho caseiro estava deitado numa cama. Eu me aproximei e, já prevendo o pior, perguntei:

– O que está acontecendo?

– Nós o trouxemos para casa – disse a mulher, num choramingo – porque lá no hospital nos disseram que o caso de pneumonia dele é grave e que, na sua idade avançada, não há esperança.

– Oh! Não! – exclamei. Cheguei mais perto e vi que sua respiração era ofegante. Chamei pelo seu nome, e ele virou a cabeça, me procurando, como se não me enxergasse mais, como se eu estivesse muito longe. Só então notei que ele estava morrendo.

Saí dali chorando, angustiada, na dúvida de que ele tivesse sido assistido convenientemente no hospital. Ele era ainda um homem forte. Naquela noite fiquei acordada, pensando

A casa na qual Rodrigo e Rogério cresceram, em Vitória da Conquista, Bahia.

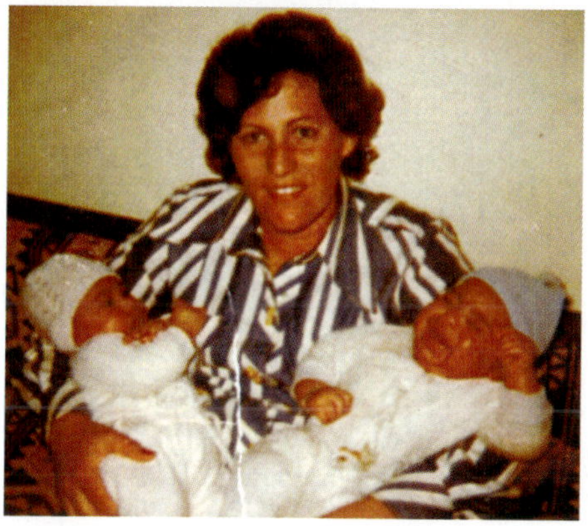

Rogério e Rodrigo recém-saídos da maternidade com a mãe, Marina. Vitória da Conquista, 1976.

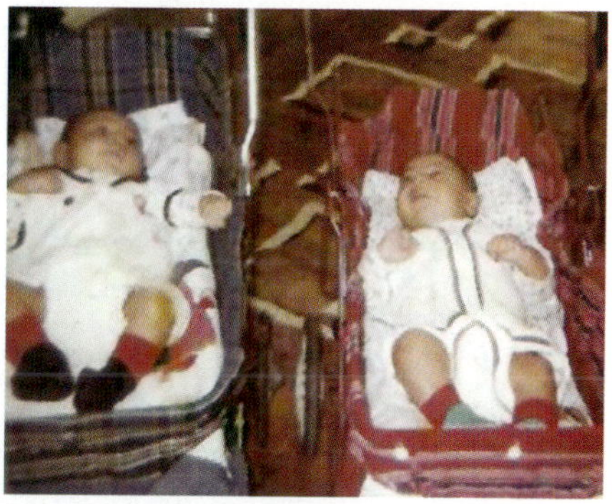

Rogério e Rodrigo, com 5 meses de idade, Vitória da Conquista, 1976.

Rogério e Rodrigo numa festa junina em Vitória da Conquista, 1979.

Rogério e Rodrigo, comemorando o aniversário de 5 anos. Vitória da Conquista, 1981.

Os irmãos Nogueira gostavam de usar estes coletes de couro quando iam andar a cavalo. Vitória da Conquista, 1981.

Rogério comendo algodão-doce em companhia da mãe, num parque de diversões. Vitória da Conquista, 1981.

A casa em que os irmãos Nogueira passavam as férias, em Ilhéus, Bahia.

Rogério e Rodrigo com a mãe e a avó materna, comemorando o Dia das Mães em Salvador, 1994.

Rodrigo e Rogério na praia do Forte, Salvador, 1995.

Rodrigo e Rogério quando ganharam os primeiros troféus de jiu-jítsu, em Salvador, 1999.

Rodrigo com o primeiro carro que comprou quando chegou aos Estados Unidos. Deerfield Beach, Flórida. 1999.

Rodrigo e Rogério com os cinturões e troféus do Pride. Rio de Janeiro, 2001.

Rogério e a mãe de férias nas ilhas Bahamas, 2007.

Rodrigo, que nesta época estava lutando pelo Pride, aparece aqui fazendo meditação. Japão, 2004.

Rodrigo quando ganhou o cinturão do UFC em Miami, Flórida, 2008.

como a diferença social daquela gente era gritante. Eu participava de um clube filantrópico, no qual fazíamos campanhas para arrecadar alimentos e cobertores para aquela gente. O que será que eu poderia realmente fazer por aquele povo?

No outro dia, dirigindo pela pequena estrada, vi um rapaz sendo algemado e levado preso. Sempre que eu o via atravessando a rua, ele me cumprimentava com um aceno respeitoso de cabeça. E agora ele me olhava envergonhado, desesperado, como a me pedir ajuda. "Se o apoio social viesse primeiro, talvez evitasse essa correção", pensei.

Foi preciso a morte do velho caseiro para que eu verdadeiramente enxergasse aquela gente.

Havia muita tristeza nos olhos dos pequenos quando lhes dei a notícia.

O NAMORO

Rodrigo e Rogério estavam sempre metidos nas conversas dos adultos e se inteiravam de tudo, não lhes escapando nada. Eles tinham 5 anos quando contratei uma moça para me ajudar na cozinha. Um dia, ela veio sorrindo falar comigo:

– Dona Marina, veja o que os meninos me falaram. Eles são muito engraçados. "Não fica dormindo à tarde, porque a minha mãe não gosta que quem trabalha aqui durma durante o dia. Mas somos bons e não vamos contar."

Com essa diplomacia, angariaram a simpatia da nova cozinheira. E volta e meia estavam lá, na cozinha, espiando as guloseimas.

Nessa mesma noite, chegando em casa, dei com Rogério, todo compenetrado, levando um copo d'água para alguém na sala de visitas e o acompanhei para saber do que se tratava. Vi que havia um rapaz sentado ao lado da minha sobrinha mais velha, que havia sido liberada para namorar, com a condição de que fosse em casa, sentada no sofá da sala. E o tempo tinha que ser estritamente cumprido. E lá estava o candidato. Entrei na sala para conhecer o rapaz, mas vi que ele já era meu conhecido. Era um rapaz de estatura mediana, olhos castanhos escuros, face e cabelos vermelhos, o que lhe deu o apelido de “Manga Rosa”. Notei que o Rodrigo também estava lá. “O que será que esses meninos estão fazendo por aqui?”, pensei, e saí dali intrigada. Logo depois, Rogério e Rodrigo me procuraram choramingando.

– Mãe, ela nos deu uns “cascudos”.

A sobrinha veio atrás, explicando:

– Tinha pedido para eles espantarem o rapaz, pois, quando o observei melhor, não gostei dele.

– Foi você que nos pediu – disseram os meninos. – Até pisamos no pé dele. Já estávamos cansados, e ele não desistia. Só porque falamos isso na frente dele, ela ficou zangada...

Minha sobrinha foi dormir contrariada, resmungando, e o namoro não vingou.

A VISITA DO PRIMO DE SALVADOR

Era uma tarde linda de um domingo de outono. As folhas das árvores caíam, marcando a estação. Os eucaliptos que plantara, agora muito altos, balançavam, deixando no ar seu aroma perfumado. Costumava tirar seus galhos e colocá-los numa grande banheira de água quente, que recendia o perfume forte, e todos tomávamos banho juntos.

– Amanhã vou levá-los ao clube – prometi. – Sairemos de casa muito cedo.

Na manhã seguinte, ensolarada e agradável, levei todas as crianças para se divertirem em um clube de campo que ficava perto de nossa casa. Quando voltamos, notei que Rogério e Rodrigo e um primo de Salvador, que viera visitá-los, não estavam no carro. Pensei que haviam saído no outro carro. Já escurecia quando, da varanda, vi a sombra da tarde encobrindo as flores de campo do jardim, onde muitas vezes eu as colhia cedinho para enfeitar a casa. Estava inquieta, com um pressentimento de que algo errado estava acontecendo. Caminhei até a porta da cozinha e toquei insistentemente o grande sino que ficava ali pendurado e que era usado para reuni-los nas refeições.

Foi então que avistei os três meninos entrando, esbaforidos, pelos fundos da casa. Percebi que alguma coisa estranha estava acontecendo e fui averiguar. Chamei pelo meu sobrinho, que apareceu, desconfiado.

– Onde estão Rogério e Rodrigo?

– Não sei – ele respondeu.

– Eu os vi chegar juntos – repliquei.

Ele estava atrapalhado para responder. Eu sabia que ele não iria dizer muito, pois já devia estar informado do código deles: "Ninguém trai". Eu insistia que eles fossem unidos. "Se cair um, o outro também cai", eu dizia. E eles se protegiam quando saíam juntos. Mesmo assim insisti com o pequeno para ver se me inteirava de alguma coisa.

– Onde estavam? – interroguei.

– No açude, nadando – ele respondeu.

– Mas lá há cobras venenosas. Por que não ficaram no clube, nadando nas piscinas?

Parece que eu ouvia o eco da minha voz. Sabia que não adiantava falar. Observei melhor aquela carinha aflita de quem tinha feito uma travessura. Ele vestia um casaco muito grande, devia ser de alguém maior que ele, claro! "Ele deve ter tirado a roupa molhada", pensei.

– Venha cá – falei, altiva. – Deixe-me ver o seu pescoço.

Era o que eu estava prevendo. Assustada, vi que no pescoço dele um grande carrapato caminhava, já à procura de parasitar seu sangue. – Virgem Maria! – gritei. Só então percebi que aquela criança estava em perigo, pois não estava acostumado ao nosso tipo de vida. Rogério e o Rodrigo tinham aprendido com as crianças do Pela-Jegue a passar folhas de arruda no corpo para afastar os parasitas.

Eles sempre arrumavam uma maneira de escapulir para fazerem vaquejadas com os bezerros, corridas com os cavalos, ou subir nos paus-de-sebo, pegando as prendas lá no alto para dividir com a turma. Eram todas brincadeiras perigosas. Um dos cavalos costumava se esconder dentro de uma moita para escapar assim de uma das minhas sobrinhas, que era também muito peralta.

Para evitar que acontecesse o pior, arrumei uma desculpa e abreviei as férias do pequeno sobrinho.

A VIAGEM A JEQUITINHONHA

Rodrigo e Rogério tinham personalidades muito parecidas. Desde bebê, Rogério era um pouco mais nervoso. Assustava mais que Rodrigo, que era mais tranquilo. Eles tinham um jeito carinhoso e educado, e faziam amizade com facilidade. Eu, sempre rígida na educação, lembrava aos dois que o respeito aos mais velhos era muito importante e que estes tinham sempre alguma coisa a nos ensinar. E que devíamos tratá-los como "senhor" e "senhora"; "você" era somente para os amigos ou crianças com as quais brincavam. Ensinava-os também a respeitar as autoridades. Eles tratavam a todos com carinho e respeito. Não tinham preconceito de cor ou condição social. Muitas vezes viajavam com as pessoas que trabalhavam na casa grande, dormiam nas mesmas camas e comiam com eles as mesmas comidas.

Gostavam de viajar, adoravam conhecer lugares novos. Um dia, me pediram para conhecer a cidade de Jequitinhonha. Convidei minha irmã e os levei. Jequitinhonha é uma cidade do interior de Minas Gerais, onde morei uma parte da minha infância com minha avó e minhas irmãs. Foram tantas as histórias que lhes contei que eles ficaram curiosos e quiseram conhecer a cidade. Visitaram as cachoeiras, os rios e o circo que frequentávamos quando éramos crianças, lugares que faziam parte das nossas lembranças e que recordava frequentemente com minha irmã. Apesar de já terem escutado essas histórias tantas vezes, pediam para que eu as repetisse, o que eu fazia de bom grado.

Nós os levamos para visitar a igreja. Era uma igreja muito bonita, de arquitetura holandesa. Curiosos, eles admiraram o teto, onde anjos esvoaçavam num céu azul de nuvens brancas.

– Quando morrermos vamos para lá? – indagaram.

– Somente se forem bons – respondi. Eu me ajoelhei, e eles me acompanharam com respeito e rezamos juntos.

A CASA DE ILHÉUS

As férias do final de ano duravam três meses e eram esperadas com grande expectativa por todos os estudantes da casa grande, pois sabiam que iriam para a casa de praia de Ilhéus. Era de construção nova também, e o portão da frente ficava sempre aberto, o que era muito interessante para os peraltas Rogério e Rodrigo, que podiam explorar as redondezas. Ainda bem cedo, quando o pessoal ainda dormia, eles já invadiam a casa, barulhentos, trazendo baldes cheios de mangabas, acerolas, goiabas e cajus para fazerem sucos.

A varanda da frente da casa dava direto na praia de areia muito branca. E, nas noites de maré cheia, as ondas quebravam num estrondo, causando uma sensação de que estavam muito perto. Muitas vezes eu acordara no meio da noite com a sensação de que o mar estava invadindo tudo, mas agora já me acostumara. Como era mar aberto e muito perigoso para banhos, só era permitido às crianças nadar na presença dos adultos.

Figuras de pássaros, flores, âncoras etc. eram disputadas para serem coladas ao corpo como tatuagens. As mocinhas colavam grandes flores nos seios, sob o olhar curioso de Rogério e Rodrigo.

À noite, já cansados das andanças, Rodrigo e Rogério deitavam-se na rede comigo. De longe, avistávamos os barcos dos pescadores, cujas lanternas piscavam na escuridão.

– Mãe, a senhora nos deixa ir pescar com eles?

– Não. É muito perigoso. Somente adultos pescam.

Os barcos aportavam na praia quando o sol ainda despontava, trazendo as bacias cheias de peixes fresquinhos, que eu levava para casa e preparava, sempre variando o cardápio. Fazia-os inteiros e assados com vegetais no azeite de oliva, ou cozidos com pirão de farinha, ou fritos e servidos com aipim, ou em moqueca com azeite de dendê e leite de coco, extraído dos cocos que eram colhidos ali mesmo perto da casa e amontoados nos cantos da varanda. A água fresquinha era por todos apreciada.

Muitas vezes eu levava os meninos para tomar banho de mar à noite, quando eles brincavam com as ondas que cintilavam com o reflexo da lua cheia.

Correu um boato de que americanos vindos da Califórnia tomavam banho nus naquela praia deserta à noite. A casa onde ficavam era branca, com portas e janelas azuis, que estavam sempre fechadas durante o dia. Era estranho, pois nunca os víamos.

Foi numa bonita noite de lua cheia que saímos de carro pela praia passeando e visitando os vizinhos. Havia uma casa grande, no alto, que era de um fazendeiro e, pelo movimento, sabíamos que lá se hospedava muita gente. As crianças da nossa casa já tinham feito amizade com eles e insistiam para que fossemos visitá-los. Era uma casa espaçosa, com muitas mesas de jogos espalhadas pelas varandas. Todos ainda jogavam, entretidos, quando vi que era tarde e chamei os meninos.

– Vamos, está ficando tarde e escuro para dirigir na praia.

E lá fomos em um carro superlotado, ganhando a estrada da praia. De repente notei que as luzes dos faróis do carro começavam a desaparecer e que os pneus pareciam ter perdido a tração. Apavorada, vi que o carro parecia estar afundando. Em Ilhéus, nas praias do norte, existe um fenômeno chamado "pecenho", pequenos poços de água que se formam perto do mar onde os carros podem ser tragados completamente. E nós já tínhamos ouvido historias de carros que haviam desaparecido. Meu irmão, que estava comigo e era muito forte, abriu as portas num reflexo e foi retirando as crianças.

– Calma, calma! – gritei, procurando evitar o pânico. Ouvi uma prima gritar, aflita:

– Não sei nadar.!

– Aqui não está fundo – respondi para acalmá-la.

Depois de todos já terem saído do carro, vi que o pessoal da casa grande de onde havíamos acabado de sair já vinha em nossa direção para nos socorrer. E o assunto do acidente foi contado repetidamente por todos por muitos e muitos dias.

O CARNAVAL

Era final de fevereiro, tempo de voltar da casa de praia para fazer as fantasias para o carnaval. Todos opinavam, trazendo ideias para os trajes. Eu comprava os cetins coloridos, os filós, as lantejoulas, a maquiagem para enfeitar os foliões. As fantasias eram costuradas por duas senhoras que eu já conhecia, as mesmas que faziam as roupas das apresentações da academia que eu possuía na cidade.

As fantasias prediletas de Rogério e Rodrigo eram de piratas e pierrôs. Os maiores tinham gostos diversificados: colombinas, gregos etc. Também para as moças que trabalhavam comigo eram costuradas fantasias. E todos os quatro dias de carnaval íamos dançar no clube da cidade. Saíamos em um grande grupo, pois os primos que moravam em outras cidades vinham de férias para brincar o carnaval conosco. Íamos também à praça ver passar os trios elétricos com sua música animada, arrastando uma multidão que dançava eufórica.

Para os foliões da casa grande, além de curtir a festa, bebiam o cobiçado guaraná, que só era liberado em ocasiões especiais.

Nessa época de carnaval, a casa grande se tornava pequena para acomodar tantos visitantes. As comidas eram trazidas em bandejas para a comprida mesa, onde os assentos eram disputados.

Os visitantes reclamavam quando era chegada a hora de partirem. Diziam sempre que o tempo passara muito depressa. E os pequenos peraltas tinham sempre caras desapontadas quando os viam partir.

AS AULAS DE NATAÇÃO PARA SE RECUPERAR

Alguns meses depois do acidente do caminhão, a rotina do Rodrigo foi mudada. Incluía agora aulas intensivas de natação, aconselhadas pelos médicos que o assistiam para recuperação dos pulmões. Foi contratado um rapaz que ficava à disposição como motorista, para que as aulas de natação de Rodrigo fossem cumpridas com precisão. E ele fazia tudo de muito bom grado. Acho que as aulas de judô anteriores o ajudaram na disciplina. E ele foi aos poucos se recuperando.

Eu não gostava de conversar sobre o acidente com ele, pois um dia em que toquei no assunto ele me contou que, quando foi levado para o hospital, logo depois do acontecido, sentiu que estava num plano fora do corpo. E me lembrei de que me falaram que sua pressão arterial, ao chegar no hospital, media 3. Do acidente, agora só restavam as grandes cicatrizes para lembrá-lo daquela noite distante e tenebrosa.

Depois de um tempo, ele voltou para as aulas de judô e também de kung fu, ministradas na minha academia. E seu gosto pelas artes marciais começou a criar raízes, fortalecendo-se mais quando ele se mudou para Salvador.

Lá apaixonou-se completamente pelo esporte e quase morava na academia. E os professores se contagiaram pela sua paixão pelas lutas e, vendo nele um campeão em potencial, o incentivaram muito. Até hoje esses mesmos professores o acompanham em seus treinos. Outro dia, vi uma entrevista com um desses mestres.

– O que você acha da recuperação, superação e vitória nesta luta do Minotauro? – perguntou uma repórter. Ao que o treinador respondeu:

– Eu o treino desde muito cedo, no início da carreira em Salvador, e sei que, quando ele põe na cabeça que vai vencer, supera qualquer obstáculo.

A PARTICIPAÇÃO DELES NA MINHA ACADEMIA

Todo final de ano eram realizadas apresentações da minha academia no teatro local. Desde o bale clássico ao moderno e o sapateado, desenvolvíamos coreografias para serem apresentadas ao público. Convidei Rogério e Rodrigo, nessa época com 12 anos, para participarem em uma das coreografias.

– Não vamos, é balé! – disseram.

Ao que retruquei:

– Não, é uma dança flamenca. Vocês vão participar de uma luta de espadas.

Consegui convencê-los. Desempenharam muito bem a luta e foram aplaudidos. E o Rodrigo arrumou uma namoradinha nesse festival. Eu estava um dia na academia quando a menina entrou aos prantos.

– Tia Marina, Rodrigo terminou comigo.

Quando perguntei ao Rodrigo por quê, ele me disse que um primo da menina chegara à cidade e estava com ciúmes. E o namoro, que mal havia começado, acabou, para a alegria da turma de amigos, que já estavam enciumados e com medo de perder o líder.

O NOME "MINOTAURO"

Chegou a época de meus filhos mais velhos serem preparados para a faculdade. Como minha mãe morava em Salvador, foi a cidade escolhida por ser a mais próxima de nossa Vitória da Conquista. Rodrigo e Rogério estavam com 15 anos quando se mudaram para a casa da avó. Começaram a frequentar uma academia próxima ao local onde moravam. Para admiração dos colegas e professores, ambos eram muito aplicados nos treinos e rapidamente se destacaram. Um dos colegas do Rodrigo o apelidou de Minotauro (que na mitologia grega é um monstro com corpo de homem e cabeça de touro) por sua enorme força física. Nessa época, além dos treinos constantes, ele praticava também remo, o que o ajudou muito na recuperação dos pulmões. Rogério o seguia nos treinos, e os dois começaram a participar de campeonatos amadores de jiu-jítsu. E os troféus começaram a fazer parte de suas vidas.

Eu havia me mudado para os Estados Unidos há um ano e meio, para iniciar meus estudos na área da saúde, quando meus filhos me mandaram uma foto com um troféu que ganharam em Salvador. Na foto estavam também minha mãe e toda a família comemorando!

Foi para celebrar o Dia das Mães que nos encontramos no Brasil. Fiquei admirada de vê-los homens fortes, de corpos bem definidos, apesar de terem apenas 15 anos. Passamos um tempo maravilhoso no sítio de meu concunhado, onde Rodrigo, brincalhão, me carregou no colo.

Já de volta aos Estados Unidos, recebi um telefonema me avisando de que Rodrigo havia quebrado a clavícula em um dos treinos. Liguei para ele, conversamos muito sobre o assunto, e o aconselhei a fazer acupuntura. Na época, eu estava fazendo meu curso de acupuntura e vendo excelentes resultados nos pacientes da clínica da universidade onde eu fazia meu treinamento. Sugeri ao chinês que agora o tratava no Brasil que usasse moxa, pois essa erva contribuía para melhores resultados nesse tipo de tratamento. Esse mesmo chinês aconselhou Rodrigo a parar de lutar, o que muito o aborreceu. Eu disse a ele que isso fazia parte dos esportes e que, quando se recuperasse completamente, ele se sentiria forte física e emocionalmente.

E os campeonatos foram surgindo: o Baiano, o do Norte/Nordeste, o do Rio de Janeiro e o Brasileiro, e ele saiu vitorioso de todos. Foi após essas vitórias que Rodrigo conversou comigo sobre a possibilidade de competir no Campeonato Pan-Americano de Jiu-Jítsu nos Estados Unidos. E assim fez.

Apesar de a luta ter sido muito difícil, pois seu oponente já era um lutador de vale-tudo, Rodrigo venceu e, assim, entrou pela porta da frente nos Estados Unidos. Muito orgulhosos o recebemos em casa. Apesar de estar machucado, ele se recuperou rapidamente, para minha surpresa. Depois fui eu que adoeci, acho que do susto de vê-lo machucado. Fiquei sem andar por dois dias, com uma terrível dor nas costas.

Providenciei logo uma academia onde ele pudesse continuar os treinos e uma escola para aprender a língua inglesa.

– Mãe, vamos praticar inglês? – ele me pedia quando, tarde da noite, voltava de uma academia em Miami onde trabalhava com cubanos, pois era mais fácil para ele se comunicar em espanhol. Eu olhava as muitas medalhas que ele trouxera do Brasil e lhe dizia:

– Você não precisa de muito inglês, pois, com todos estes títulos, as portas se abrirão facilmente.

Fazendo aula numa academia, Rodrigo destacou-se e conquistou sua faixa preta de judô. Nessa época ele dirigia uma caminhonete vermelha da qual cuidava muito, pois era seu primeiro carro. Lembrei que no Brasil ensinei os mais velhos a dirigir, e acho que os outros também um pouco.

Rodrigo frequentou também uma academia em Miami onde se iniciou na luta livre. O professor era um profissional de vale-tudo.

– O professor de Miami jogou duro comigo – ele me disse –, mas na aula seguinte pude mostrar para ele a minha capacidade.

Quando se sentiu mais confortável com o inglês, Rodrigo começou a frequentar uma academia americana de renome. Lá fez muitos amigos, e a seriedade com que enfrentava os treinos facilitou muito sua adaptação à nova cultura e seu inglês fluiu rápido. Ele mostrou sua liderança treinando um grupo de alunos que participou de um campeonato na Flórida. Todos os que o acompanharam ganharam medalhas, o que fez com que o Rodrigo já se definisse como um profissional. Então as oportunidades dos contratos de lutas foram surgindo e começaram as viagens para cumpri-los.

Foi numa dessas viagens, ao norte dos Estados Unidos, depois de uma luta vitoriosa, que notei que Rodrigo estava muito triste. Perguntei a ele o que havia acontecido. Ele me disse que não tinha gostado do que gritaram para o seu adversário: "Mata esse negro, tailandês!" Rodrigo estava magoado com a agressividade racista que demonstraram contra ele. Conversamos muito naquela noite e eu lhe disse:

– O racismo sempre existiu. Isso faz parte da história da humanidade, e acontece porque o povo tem medo de perder o poder.

Nos Estados Unidos essa situação tem melhorado desde a década de 1960 com a lei dos direitos civis, criada no governo do presidente John Kennedy e que se fez cumprir no governo do presidente Lyndon Johnson. O pastor doutor Martin Luther King, líder do movimento dos direitos civis, ficou famoso com seu célebre discurso "Eu tenho um sonho", inspirado na fé cristã e nos ensinamentos pacificadores da não violência de

Mahatma Gandhi. O pastor Luther King, que ganhou o Prêmio Nobel da Paz, morreu durante aquele movimento, lutando pela igualdade racial dos Estados Unidos. Um ponto positivo é que o racismo é quebrado com o esporte.

Conversamos também que os anos 1960 foram muito difíceis para nós, brasileiros, com a ditadura, quando a imprensa foi censurada. Tínhamos muito medo, até mesmo de ler. Líamos às escondidas, pois diziam que a maioria dos livros era comunista.

Depois falamos de outra violência, consequência da falta de educação e escolaridade, da diferença social existente no Brasil, o que muitas vezes nos obriga a imigrar, buscando recursos em outros países.

E Rodrigo me contou sobre um filme que lhe chamara a atenção. Durante a colonização da China pela Inglaterra, os ingleses viciavam os chineses com ópio, enfraquecendo aquele povo e subjugando-o com a droga. E falamos sobre a China atual, pois eu tinha viajado para lá para fazer minha residência num hospital em Pequim. Acho que o comunismo foi sendo aberto aos poucos e que com o tempo os povos vão se educando mais, pois o mundo se tornou pequeno com toda a tecnologia moderna e a globalização.

CONTRATO COM O JAPÃO

Foram as lutas como profissional na Flórida que deram ao Rodrigo a oportunidade do contrato no Japão.

Ele estava feliz com as lutas que surgiam aos poucos. Não lhe rendiam muito dinheiro, mas a experiência era suficiente para o momento, pois ele sonhava alto. Um dia ele profetizou:

– Ainda vou ser um grande lutador.

Saíamos muitas vezes para nos divertir. Mas seu tempo era sagrado, e ele dedicava a maior parte dele aos treinos. Apesar de ter poucas lutas nos Estados Unidos, ele enviou seu currículo para o Japão e, entre muitos outros, foi escolhido e contratado. E Rodrigo treinava de "corpo e alma".

– Este treinamento que estou tendo aqui não é suficiente – ele me disse um dia. E, dedicando-se completamente à luta, vendeu a academia que abrira na Flórida e voltou a treinar com seus primeiros professores no Brasil, buscando aperfeiçoamento em suas raízes, numa condição melhor de treino.

Um dia, muito alegre, Rodrigo, que namorava uma moça há alguns anos, me telefonou do Rio de Janeiro para contar que sua filha tinha nascido. Agora um grupo tinha sido formado para seus treinos constantes e incansáveis. O próprio Rodrigo me disse uma vez que, chegando do Japão, saíra direto do aeroporto para a academia. Nessa época, Rogério deixou a Faculdade de Direito para enveredar também pelo mundo das lutas, seguindo o irmão. Depois de ganhar campeonatos no Rio, ele também foi contratado no Japão.

Rodrigo já havia conquistado os japoneses com seu peculiar *Brazilian jiu-jítsu*, como é chamado por muitos. Complementava o treino fazendo boxe com seu irmão Rogério, que se destacava nesse esporte. Inclusive, ganhou uma medalha de bronze nos Jogos Pan-Americanos de 2007, realizados no Rio de Janeiro. E os dois foram a Cuba treinar, sabendo que os melhores boxeadores do mundo estavam por lá. Ficaram impressionados com a maneira como os cubanos treinavam: desde pequenos, saíam do seio da família para se dedicarem à carreira. E o faziam, muitas vezes, sob condições precárias, superando-se e tornando-se campeões. Lembro que nessa época Rogério e Rodrigo fizeram um comentários sobre eles:

– No Brasil, nós, atletas, priorizamos as dietas e os suplementos, mas os cubanos comem uma comida muito simples, uma alimentação básica. E nem por isso deixam de ser fortes e os melhores nas lutas.

As viagens ao Japão tinham se tornado constantes para os dois desde que Rodrigo ganhou um torneio chamado "King of Kings", lutando com muitos adversários. E venceu outras lutas também, como a que teve com um lutador holandês muito alto e a que fez contra um lutador forte e negro que parecia um gigante de músculos. Mas o Rodrigo o venceu com a sua técnica espetacular, e a luta foi chamada de "Davi contra Golias".

Impressionados, os japoneses o testavam de todas as maneiras. Mas ele saía sempre vitorioso, o que lhe valeu o título de "samurai" e o tornou popular no Japão. Estava tão famoso lá que os fãs o cercavam, chorando, emocionados, ao vê-lo. Algumas mulheres grávidas pediam que ele as tocasse, acreditando que o espírito do samurai estava com ele. E este lado do mundo ficou conhecendo a lenda dos samurais, guerreiros valentes e invencíveis que, por meio das artes marciais, travavam batalhas, defendendo com coragem feroz suas tribos, saindo sempre vitoriosos. Se fosse preciso, morriam bravamente e seus espíritos especiais reencarnavam.

Para os japoneses, além de uma tradição, a luta parece uma febre. Chegam a levar a família para comemorar suas datas especiais assistindo a lutas nos estádios. E os irmãos gêmeos Minotauro e Minotouro, já conhecidos mundialmente, enchiam os estádios japoneses quando suas lutas eram anunciadas.

A CIRURGIA DOS COTOVELOS

Quando eu já morava na Flórida, fui visitar Rogério e Rodrigo no Rio de Janeiro. Moravam numa casa grande, no alto de uma colina, onde o mar batia na encosta atrás. Dessa vez a casa estava cheia de colegas que treinavam com eles. Eram 13 lutadores, um deles um dos seus colegas do Pela-Jegue, filho de um pedreiro que trabalhou na construção da casa grande.

– São todos meus colegas, uns ajudando os outros – disse Rodrigo ao me ver admirada com tanta gente. E me lembrei dos tempos de Rodrigo criança, quando ele liderava a turma para realizar algum projeto. "Daí vai sair alguma coisa", pensei. Eles montaram a academia em um salão da casa que dava para o jardim, onde eu e minha irmã nos sentávamos, à noite, assistindo aos treinos. Eram todos lutadores profissionais. O treino parecia uma verdadeira luta no ringue.

Aproveitando minha estadia no Rio, Rodrigo decidiu operar os cotovelos – os dois ao mesmo tempo – num hospital em São Paulo. O médico me explicou que era um tipo de artrite não muito complicado e que ele se recuperaria rápido. Os braços foram engessados, inclusive as mãos. Tendo operado os dois cotovelos de uma vez, logicamente ele ficou limitado para comer, escovar os dentes ou mesmo para coçar o nariz, e eu tinha que fazer isso por ele.

Na volta para o Rio, os fãs que o esperavam no aeroporto quiseram cumprimentá-lo pegando em suas mãos. Corri na frente dele e disse:

– Não peguem nas mãos dele, porque estão operadas.

Mas Rodrigo me disse:

– Pode deixar, mãe. – E desisti de protegê-lo.

Durante a recuperação da cirurgia, que durou aproximadamente dois meses, Rodrigo aproveitou todo o tempo para se dedicar à leitura. Dentre os livros que leu estava o questionado *Código Da Vinci*.

– Mãe, você sabia que a nossa energia é toda interligada? – perguntou-me.

– Sabia – respondi. – Os chineses já diziam isso há muitos anos. É o que lemos na filosofia do tao e na ciência moderna denominada física quântica.

VIAGEM AO RIO DE JANEIRO PARA TRATAR DE RODRIGO

Rodrigo já tinha lutado muitas vezes no Japão quando começou a sentir dores nas costas.

– Estou com hérnias de disco na região lombar e sinto as pernas fracas – ele me disse um dia ao telefone. Pude sentir na sua voz que ele estava desanimado. Combinamos então que eu iria para o Rio de Janeiro ficar um tempo tratando-o com acupuntura. Lembro-me de que foram inúmeros tratamentos. Eu usava moxa, uma erva sedativa para casos assim, quando a dor se irradia pelas pernas e as enfraquece. Usava a massagem para relaxar os músculos e propunha exercícios de ioga para alongamento e para criar espaço entre os discos da coluna, o que desbloqueava a energia e lhe permitia fluir melhor pelo corpo.

Foram muitos dias de tratamento intensivo. Quando ele já se recuperava, complementou o tratamento com natação e

RPG (reprogramação postural global). Depois, quando já estava se sentido muito melhor, procurou na Europa um médico especializado em medicina do esporte. E foi fazendo exercícios apropriados. Ficou forte novamente e voltou a suas batalhas na arena do Japão, para alegria dos fãs japoneses.

Voltei ao Rio muitas outras vezes. Agora Rodrigo já tinha uma maca em sua casa, onde eu o tratava, assim como a muitos de seus amigos. A pedido de Rodrigo, nunca cobrei dos amigos, dos quais tratei de muitos problemas, dores nas costas, joelhos, ombros etc. A luta é um esporte que deixa o atleta bem machucado. Como tinha sido professora de educação física, sabia que o exercício repetitivo acumula uma toxina chamada ácido lático, que é eliminada através do suor e da urina, um processo que pode ser acelerado com massagens. Na antiga Grécia eles já usavam essa técnica para um melhor rendimento dos atletas, e eu os aconselhei a combinar massagens com treinos.

Nessa época, já recuperado completamente, Rodrigo me levou ao Pão de Açúcar.

– Que lindo! – exclamei, admirada. Quando morava na Bahia, viera ao Rio tantas vezes e nunca tinha visto do alto a beleza da baía de Guanabara. Depois fomos visitar a Pedra da Gávea.

– Está rolando um salto duplo – disse um rapaz, caminhando em nossa direção.

– Não arrisco a minha vida para não ganhar nada! – disse Rodrigo, sério.

E ficamos ali a observar os rapazes que saltavam, voando livres como pássaros sobre a baía de Guanabara

Foi nessa época que os japoneses estiveram no Brasil produzindo um livro sobre Rodrigo e Rogério, que mostrava também o Rio de Janeiro, incluindo o Pão de Açúcar.

Em um fim de semana, num inverno agradável no Rio de Janeiro, Rodrigo me levou para conhecer a serra de Petrópolis. Os chalés de construção rústica, com lareira, uma decoração simples e aconchegante, tinham sido construídos dentro da mata. Flores do campo enfeitavam todo o ambiente. Eu ficava deitada na rede da varanda, respirando aquele ar puro.

– Que lindo este hotel-fazenda! – exclamei.

– Venho aqui muitas vezes para descansar e montar a cavalo – disse Rodrigo.

De umas pedras grandes brotava uma cachoeira, onde ele tomava banho, apesar do frio. Rodrigo gosta muito da natureza, e acho que é essa conexão que lhe dá força mental.

Nas manhãs de sol, fazíamos ioga e meditação na grama. As comidas naturais tinham um cheiro especial de diferentes ervas. Nosso passeio a Petrópolis realmente nos recarregou de boa energia.

No outro fim de semana Rogério me levou para conhecer Búzios. Ficamos numa pousada muito interessante à beira-mar, de onde saíamos para andar nas manhãs ensolaradas. Vi a famosa estátua de Brigitte Bardot, o colorido das sombrinhas cobrindo toda a praia, senti o cheiro do queijo assado e tomei água de coco fresquinha. E fiquei muito feliz e agradecida aos meus filhos pelas maravilhosas férias que me proporcionaram.

Foi nessa época que, caminhando pelas ruas do Rio de Janeiro, ouvi Rogério e Rodrigo serem chamados de campeões pelos meninos das favelas.

– Como eles os conhecem? – perguntei a ambos.

– Eles fazem um "gato" nas antenas de tevê a cabo e assistem às nossas lutas. Alguns desses garotos frequentam nossa academia, onde mantemos um programa para meninos carentes.

Eu me lembrei de que os tinha visto num programa de esportes na televisão, fazendo aulas de boxe e usando capacetes e luvas. Reparei que alguns usavam tênis um pouco grandes para o tamanho deles. Pude imaginar o orgulho desses meninos de estarem ali, tão perto de seus ídolos, tendo a oportunidade de ingressar na carreira do esporte.

VIAGEM COM RODRIGO A LONDRES E AO JAPÃO

Rodrigo estava me visitando nos Estados Unidos quando me convidou para ir com ele à Europa. Na época eu estava fazendo um curso a distância de homeopatia sob a orientação de uma escola em Londres.

– Vamos – disse Rodrigo, tentando me convencer, pois era um convite de última hora. Eu conhecia seu jeito de tomar decisões instantâneas e lhe respondi:

– Vou ver.

– Tudo é por minha conta. Por que não aceita e termina esse curso lá na própria escola?

Então lembrei que, há algum tempo, ele já me prometera pagar esse curso.

– Que boa ideia! Eu não havia pensado nisso – respondi.

E viajamos para Londres, onde eu ficaria estudando, enquanto ele ministrava um seminário em uma cidade vizinha.

Eu estudava intensamente para concluir o curso quando ele apareceu por lá e me disse:

– Tenho que ir ao Brasil apanhar uns documentos.

– Pensei que, ao terminar meu curso, você ainda estaria por aqui e ficaríamos um pouco juntos – eu disse, desapontada.

– Do Brasil irei ao Japão. Você pode se encontrar comigo lá.

E fui. Programei rápido. Aprendi isso com ele.

Que linda a arquitetura japonesa! Eu admirava os prédios de Tóquio, construídos para suportar terremotos. Os cabelos coloridos de vermelho, amarelo e azul das japonesas me chamaram a atenção. Notei também a forma elegante com que se vestiam. E que andavam apressados e concentrados, mas sorriam, corteses, ao nos cumprimentarem, num gesto solene, baixando a cabeça várias vezes.

– Vamos ao estádio ver as lutas – convidou-me Rodrigo.

– Bem, como não é uma luta de vocês, posso assistir.

Não costumo assistir às lutas deles. É muita emoção para mim. O estádio estava cheio. Por onde Rodrigo passava, o povo queria tocá-lo, gritando seu nome. Ele era um samurai para os japoneses. Soube que nas lutas ele resistia bravamente como tal. Por isso ficou conhecido por esse nome.

Numa das entrevistas que dei sobre o Rodrigo, a repórter me perguntou:

– Quando ele era criança, a senhora não notou que ele era uma criança superdotada, um prodígio?

– Não – respondi, displicente. – Ele era um menino simples, criado num sítio.

Parece que a repórter não gostou e fiquei sem saber o que tinha falado de errado.

Rodrigo também deu entrevistas. Numa delas, eu o ouvi e comentei:

– Seu inglês está bom. Você começou praticando comigo lá na Flórida e agora está falando melhor do que eu.

– É, fluiu rápido – disse ele. – Pratiquei num curso por computador.

Parecia simples quando ele falava. Mas eu sabia que ele tinha persistência, vencia obstáculos e conseguia sempre tudo o que queria. Sabia também que ele era apaixonado pelo que fazia. Acho que por isso, quando a situação parecia difícil, ele sempre encontrava uma saída.

Lembro que no começo da carreira, quando começou a lutar na Flórida, a quantia que ganhava era tão irrisória que mal dava para cobrir os custos com hospedagem e alimentação. Um dia lhe perguntei:

– Deu para cobrir as despesas?

– Não – ele me respondeu prontamente. – O importante é lutar!

Olhei bem seu rosto e percebi que, apesar da longa viagem, tinha a aparência boa de quem estava feliz.

Quando a fama bateu à sua porta, repórteres brasileiros foram ao Japão constatar a popularidade do Rodrigo e do Rogério. Um programa de televisão, muito assistido aos domingos no Brasil, mostrou a febre dos japoneses pelas lutas, os estádios lotados. Eles comandavam o mundo das lutas.

Nessa mesma época a cidade de Vitória da Conquista prestou uma homenagem ao Rodrigo e ao Rogério como atletas já conhecidos. Soube que, em sua homenagem, os trios elétricos desfilaram com suas músicas eletrizantes. Foi nesse dia que Rodrigo e Rogério falaram de um sonho, de criar uma organização para que os meninos humildes não ficassem nas ruas a usar drogas e pudessem ingressar no esporte, buscando um ideal de uma carreira, como eles tinham agora.

E eles realizaram esse sonho, recebendo esses meninos na academia onde treinam parte do dia.

O CONTRATO COM O UFC

Fiquei contente quando Rodrigo me disse que tinha assinado contrato com o UFC – Ultimate Fighting Championship, pois a possibilidade de estarmos juntos era maior. Um dia, com Rodrigo vindo de uma de suas lutas, nos encontramos num hotel em Miami. Soube que ele havia ganhado o cinturão dos pesos pesados nos Estados Unidos. E eu estava muito alegre com isso. Chegando ao hotel, me dirigi à recepção e perguntei a um rapaz moreno, com sotaque espanhol, onde ficava o quarto de Rodrigo Nogueira.

– A senhora quer falar com o Minotauro, o campeão?

– Ele mesmo – respondi, orgulhosa. – Sou sua mãe.

– É mesmo? Pode arrumar um autógrafo para mim? – perguntou.

Prometi que sim, e o rapaz, muito solícito, me acompanhou até a porta do quarto, que foi aberta por um dos amigos de

Rodrigo. Vi que o quarto estava muito cheio. Os rapazes, eufóricos, vieram logo me mostrando o cinturão, como se lhes pertencesse. Numa cama afastada, no fundo do quarto, escorado numa pilha de travesseiros, estava Rodrigo, que foi falando muito alegre:

– Ganhei o cinturão! – Vi que seu rosto estava machucado e devo ter expressado susto, porque Rodrigo foi prontamente dizendo: – A luta foi difícil.

Já estava mais tranquila quando o Rogério saiu do banheiro. Eu não sabia que estavam juntos e vi que ele tinha raspado completamente a cabeça.

– Meu Deus, que foi isso? – exclamei. Ao que ele respondeu:

– Os caras, meus amigos, na brincadeira, disseram que eu ficaria com cara de mau se raspasse a cabeça.

Ele me disse também que havia ganhado uma luta no Canadá.

– Você se machucou? – perguntei, preocupada. Ao que Rodrigo gritou do fundo do quarto.

– Não, ele agora está machucando os outros. E ainda com essa cara de mau.

Todos riram e foram "rolando" as brincadeiras de um para outro, ao que eu já me acostumara desde que eles eram pequenos.

– Vamos comemorar! – disse Rodrigo, pegando uns óculos escuros.

– Vamos! – respondeu a rapaziada num só tom de voz.

Quando nos dirigimos para o restaurante, o barulho da nossa turma se misturou ao dos fãs que nos cercaram, gritando e pedindo autógrafos.

O ENCONTRO DE RODRIGO E ROGÉRIO COM OS SOBRINHOS

Era sempre uma festa quando anunciávamos que Rodrigo e Rogério estavam chegando à Florida. E os três sobrinhos peraltas, ansiosos, quase não dormiam na expectativa de vê-los. Os tios sempre testavam seus chutes e *punches*.

– Como estão bons! – dizia o Rodrigo, incentivando-os, pois os três sobrinhos frequentavam uma academia de artes marciais. E cada um exibia para os tios suas melhores performances. Rogério e Rodrigo os carregavam nos ombros para todo lado. Eles estavam tão eufóricos que quebraram o troféu que Rodrigo trouxera para mostrar a eles, puxando-o um da mão do outro. E com isso ganharam do Rodrigo o apelido de Destroyers. Os tios e os sobrinhos sempre saíam juntos para visitar academias, e os três peraltas ficavam ligados em tudo o que acontecia, pois, decididamente, não queriam perder nada.

A alegria do encontro é recíproca. O que também acontece com os sobrinhos do Brasil. Uma vez, levei uns bonecos, miniaturas do Rodrigo, para eles, ao que um exclamou:

– Oh! É do tio Boxe.

Outro dia presenciei um diálogo muito interessante entre meu neto de 6 anos e uma menina que parecia ter a sua idade. Eles brincavam juntos no parque quando o pequeno perguntou:

– Você conhece os meus tios, Rodrigo e Rogério? São os melhores lutadores do mundo!

Ele ficou desapontado quando viu que a menina olhava para ele sem entender nada. Imaginei logo que ele ouvira isso numa das academias que visitara com os tios e estava somente passando adiante.

Quando Rodrigo e Rogério passam pela Flórida, gostam de ir à minha clínica para sessões de acupuntura e massagem.

– Gostaria que a senhora ensinasse essa técnica de massagem ao meu massagista – pediu-me Rodrigo. Era um tipo de massagem que eu havia aprendido na China e que é chamada de tuiná. Lá, essa massagem é usada para ajustar e tratar problemas de coluna, o que é feito pelos acupunturistas. Nos Estados Unidos, a quiropraxia é usada para ajustar a coluna.

Enquanto eu tratava o Rodrigo, vários fãs apareceram com suas câmeras fotográficas e foram perguntando:

– O Minotauro está por aí?

– Está no quarto fazendo tratamento – respondi, resguardando o Rodrigo, que ainda descansava depois da sessão de massagem.

– Deixe-os entrar, por favor – pediu Rodrigo, ao ouvir as vozes dos fãs. E eu os deixei entrar.

A CIRURGIA NO QUADRIL, NO COLORADO

Era o inverno de 2010. Rodrigo estava passando pela Flórida a caminho do Colorado, onde faria uma cirurgia no quadril.

– Estava pensando que seria bom a senhora me acompanhar – ele disse, muito sério.

Tomar aquela decisão foi muito corajoso da parte dele. Ele já enfrentara tantas outras situações difíceis na vida, e essa era mais uma delas. Ele vinha sentindo muitas dores no quadril, e suas pernas estavam dormentes. Dizia que a flexibilidade estava limitada para o chute alto. Tinha até pensado em parar de lutar. E essa cirurgia era mais um desafio que testaria sua capacidade como um lutador de alta qualidade.

Partimos no dia seguinte para a cidade de Veo, no Colorado, uma estação de esqui. Chegamos à noite e vi os chalés, com suas lanternas iluminadas na entrada. Os pinheiros estavam cobertos de neve e enfeitados de luzes coloridas. Parecia um presépio. A neve, eu a tinha visto muitos anos atrás, de longe, nas montanhas da Suíça. Ali, caindo, pareciam flocos de algodão. Vim preparada para o frio que estava cortante, penetrante.

– O hospital não fica distante deste hotel – disse Rodrigo quando já estávamos chegando. Ele havia dirigido durante uma hora e estava um pouco cansado e com um semblante tenso. Estávamos ambos tensos. Falávamos pouco, pois a expectativa de conversar com o médico que ia operá-lo era grande.

Acordei muito cedo e observei o apartamento onde estávamos. Parecia uma casa dentro de um hotel. Era muito bem decorado, com uma ampla sala de estar, dois quartos e uma cozinha. Abri as cortinas das janelas; tínhamos uma vista privilegiada das montanhas. Peguei um binóculo que estava em cima da lareira e pude observar que aqueles pontos escuros, distantes, eram os esquiadores que já haviam começado a descer as montanhas. Apesar de tudo estar coberto de neve, o sol brilhava num céu cor de anil. Aquela paisagem transmitia muita paz. Era exatamente do que estávamos precisando naquele momento. Calma, muita paz e fé em Deus.

Estava concentrada em meus pensamentos quando ouvi um barulho vindo do quarto do Rodrigo. Percebi que ele já estava se aprontando para nosso encontro no hospital.

Era um hospital grande. Na recepção, fomos atendidos por uma moça loira, de sorriso amável.

– O médico vai demorar um pouco – avisou-nos. – Se quiserem, podem tomar um café na nossa cafeteria.

Notei que o hospital era bastante movimentado. Reparei que as pessoas que chegavam usavam luvas e casacos pesados.

– Nossa, quanta gente! – exclamei, admirada.

– Aqui vem gente de toda parte do mundo operar com esse médico – disse Rodrigo.

– Soube que ele ficou conhecido por operar atletas famosos – respondi.

Um médico caminhou em nossa direção, se apresentou e nos disse que era brasileiro e estava naquele hospital estagiando. Ele nos explicou os procedimentos da cirurgia, e aproveitamos para fazer perguntas.

– O diagnóstico será dado pelo médico que vai operá-lo, depois de tirar as radiografias – disse.

Finalmente foi a vez de Rodrigo conversar com o médico cirurgião e tirar todas as dúvidas sobre a cirurgia. As radiografias foram feitas, e a cirurgia marcada já para o dia seguinte pela manhã. O cirurgião achou que o outro quadril também precisaria ser operado, o que só aconteceria depois que o primeiro se recuperasse.

Chegamos cedo ao hospital, e todos os procedimentos pré-operatórios foram sendo cumpridos. Além do sangue que tiravam para os exames requisitados, uma quantidade maior foi também retirada, o que me chamou a atenção. Fiquei sabendo que aquele sangue extra seria aplicado no músculo do

Rodrigo. Eles estavam utilizando essa técnica que eu já conhecia no Brasil há muito tempo.

Eu observava tudo muito atenta, pois sabia que Rodrigo estava travando mais uma vez uma grande batalha. Na antessala do centro cirúrgico, fiquei aguardando e rezando baixinho. Finalmente, duas enfermeiras o trouxeram ainda dormindo da operação, sedado, e eu as acompanhei para o quarto. Ele parecia sereno, o que me tranquilizou. Fiquei no mesmo quarto que ele, para assisti-lo. Foi uma noite de vigília. Pude ver, por uma fresta da janela, que já estava amanhecendo. Abri um pouco a cortina e vi que estava nevando. Ainda era muito cedo, e Rodrigo continuava dormindo. Fiz minhas orações. Estava otimista e esperava ver sua recuperação.

– Tenho sede – balbuciou Rodrigo, acordando. A enfermeira tinha deixado um copo d'água e um algodão para umedecer seus lábios quando ele acordasse.

O quarto era separado por grossas cortinas, que foram abertas bruscamente.

– Vou lhe aplicar uma injeção para a dor – disse a alta e magra enfermeira, que já entrou com a seringa preparada. Pude ouvir Rodrigo suspirar aliviado Só então percebi que ele estava sentindo muita dor. Mas ele nunca se queixava. Foi assim desde pequeno.

Lembrei que, quando ele tinha 4 anos, chutou a porta de vidro da cozinha. Levou vários pontos num corte grande, pois estava descalço. Quando o levei para tirar os pontos, o médico me disse que o corte estava infeccionado e que a anestesia não pegaria. E começou a tirar os pontos. Rodrigo estava todo coberto por um lençol, e somente o pé estava exposto para o procedimento.

– Está doendo? – perguntei, ao notar que ele estava muito quieto. E vi um dedinho apontar para fora do lençol com um sinal de não como resposta. O médico que o atendeu coincidentemente era o mesmo que prestara socorro ao Rodrigo naquela madrugada em que ele saíra do coma e quase morrera com o ar sem filtragem entrando diretamente nos pulmões.

– O médico está vindo vê-lo – disse a enfermeira num tom alto de voz, talvez percebendo que eu estava absorta, concentrada nos meus pensamentos. O médico, muito educadamente, entrou, me cumprimentou e depois se dirigiu ao Rodrigo.

– Vamos começar prontamente com os exercícios de fisioterapia.

– Já? – perguntei, admirada.

– É que o sucesso da operação vai depender muito dos procedimentos pós-operatórios – completou o médico.

A fisioterapia foi agendada para ser feita ali mesmo, numa clínica dentro do hospital. De muletas, Rodrigo voltou para o hotel. Apesar de um pouco pálido, aparentava tranquilidade.

Eu acordava muito cedo para preparar o seu *breakfast*. Sabia de cor seu cardápio preferido: mingau de aveia com leite de soja e amêndoas, uma pitada de sal, canela e mel; omelete de espinafre com queijo branco; salada de frutas e chá com limão. Ele gostava muito do mingau de aveia que eu fazia e um dia me disse:

– Viajo para lugares diferentes e muitas vezes o cozinheiro do restaurante me reconhece e, querendo me agradar, me pergunta se desejo alguma coisa especial. Eu sempre peço para fazer este mingau, mas nunca sai do jeito que a senhora faz.

Ele acordava cedo, já se preparando para as sessões de fisioterapia, que eram intensas, e aproveitava alguma hora vaga para escrever artigos sobre lutas para uma revista de esportes do Brasil.

Eu estava completamente voltada para essa rotina quando minhas filhas me ligaram da Flórida.

– Feliz aniversário!

– Eu estava quase me esquecendo – respondi, enquanto Rodrigo gritava do seu quarto.

– Está ficando velhinha. Venha aqui para um beijo. Vamos comemorar!

À noite ele me levou a um restaurante bonito, cheio de arranjos de flores na entrada. Estava muito elegante, usando uma capa longa e um chapéu escuro, combinando, que trouxera de uma recente viagem à Europa. Conversamos sobre nossas viagens, e o engraçado foi que os lugares de que ele mais gostou eram também os meus preferidos: o romantismo dos barcos, à noite, no rio Sena, em Paris, e os chalés nas montanhas, na Suíça.

Foi uma noite especial estar ali com ele, apesar da circunstância da cirurgia. Estávamos alegres, celebrando.

O UFC NO RIO DE JANEIRO

A cidade maravilhosa amanheceu em festa. O evento da estreia do UFC no Brasil vem sendo destaque na mídia brasileira já há algum tempo.

Naquela manhã ensolarada, uma multidão de fãs cobria a calçada da praia de Copacabana, pedindo autógrafos de seus ídolos, atletas do UFC. A noite prometia um grande *show* na Arena da Barra da Tijuca, pois todos os ingressos se esgotaram no dia em que foram postos à venda. A luta do Rodrigo era muito comentada, pois, desde a época em que lutava pelo Pride no Japão, suas lutas vinham sendo assistidas no Brasil e somente agora os brasileiros iam ter a oportunidade de vê-lo lutar em casa.

Foram lançadas campanhas no Twitter e no Facebook, com o tema “Finaliza, Minotauro”, e os fãs brasileiros o incentivavam de uma maneira positiva e carinhosa. Sua volta ao mundo das lutas foi cercada de grande expectativa, pois Rodrigo vinha de três operações, num dos joelhos e nos quadris, e há pouco ainda andava com dificuldade, com duas muletas. Essa luta seria um desafio, no qual testaria a resistência de seu corpo. Por esse motivo, talvez não fosse o favorito nessa noite.

A noite chegou com grande expectativa. A arena estava superlotada. O adversário do Rodrigo era um rapaz que vinha se sobressaindo com boas lutas e teria agora uma boa oportunidade de se tornar mais conhecido lutando com o já famoso Minotauro. Rogério não estava lutando nessa noite, mas estava presente, como sempre dando apoio ao irmão.

Chegada a hora da luta do Rodrigo, os fãs, eufóricos, gritavam "Finaliza, Minotauro". De cima do alambrado, Rogério parecia um maestro comandando a torcida com sinais de parar e ovacionar. Rodrigo entrou tão concentrado que nem piscou quando um fã lhe arrancou o boné da cabeça bruscamente. Estava focado na grande batalha. Era uma das mais importantes batalhas da sua carreira de lutador, pois, desde as operações a que fora submetido, o comentário era que se aposentaria do UFC.

A luta foi rápida e terminou com sua vitória. Os fãs, em pé, gritavam seu nome. Nunca houve torcida igual na história do UFC. Entre lágrimas de alegria, a vitória foi comemorada nos bastidores da concentração pelos seus colegas lutadores. E Rodrigo fez os seus agradecimentos, falando da sua recuperação, de superação, da dificuldade e de seu esforço para vencer, treinando constante e arduamente. Foi uma alegria geral, e a noite finalizou com uma festa em sua academia depois do evento.

A mídia comentou a vitória dos brasileiros, destacando a luta do Rodrigo como uma verdadeira superação. E foram muitos os convites para entrevistas, nas quais os repórteres sempre lhe perguntavam sobre sua infância e sobre o acidente que sofrera aos 11 anos. Ele recebeu uma condecoração da Marinha do Brasil, e a Escola de Samba Grande Rio lhe fez um convite para desfilar no Carnaval de 2012, que teria como tema a superação. Uma homenagem também lhe foi prestada pela ABMN – Associação Brasileira de Marketing e Negócios, com o prêmio de Personalidade do Ano 2011, o qual ele agradeceu com um belo discurso.

E foram muitos os eventos de lutas dentro do Brasil, por onde Rodrigo e Rogério viajavam, divulgando os novos atletas lutadores e popularizando o MMA – Artes Marciais Mistas de norte a sul do país.

O "ROBOCOP BAIANO"

A próxima luta do Rodrigo foi marcada para o Canadá, e Rogério também estava escalado para lutar no mesmo evento.

Nessa mesma noite, assisti ao tradicional desfile de barcos, que acontece todos os anos, em várias cidades do sul da Flórida, nesse ano na cidade de Fort Lauderdale. Durante o evento, os fãs puderam assistir às lutas, que foram mostradas ao vivo numa grande tela.

Estávamos apreensivos, pois havíamos recebido uma mensagem do Rodrigo, dois dias antes da luta, dizendo que não estava se sentindo muito bem. E seu irmão mais velho havia nos pedido que fizéssemos uma corrente de oração. Sabendo que ele é muito intuitivo, pensei: "Será que ele sentiu alguma energia negativa?".

Finalmente, chegou a noite do evento em que os irmãos lutariam lado a lado. Eu sabia que eles também estavam apreensivos, pois, coincidentemente, quando lutam no mesmo evento, somente um sai vitorioso.

Os brasileiros que vivem no Canadá fizeram uma grande festa para receber os lutadores brasileiros. Os telefonemas de meus amigos de lá foram muitos, me dando notícias sobre o evento.

A luta do Rogério foi rápida e decisiva, e seus fãs brasileiros vibraram com sua vitória.

Rodrigo foi anunciado com entusiasmo pelos fãs, já eufóricos com a vitória do Rogério. Ele entrou confiante e sua luta foi muito boa, mas quando já vencia o adversário, mudou de tática, o que culminou numa fratura no braço. Disseram, na mídia, que ele confiou muito e "não bateu". E assim atingiu um número recorde de cirurgias. Me lembrei dos velhos tempos, na Bahia, quando um dos seus apelidos era "Robocop Baiano", devido às muitas operações que sofrera ao ser acidentado, aos 11 anos, pelo caminhão.

Essa derrota deixou os fãs terrivelmente chocados, pois perdê-lo como grande lutador seria realmente uma decepção para os brasileiros que acompanhavam sua história guerreira de superação, uma lenda comentada no Brasil e em outros lugares do mundo. Circulou na internet sua foto sorridente, apesar do braço engessado. Mas eu sabia que, em situações negativas como essa, eles tinham sempre uma brincadeira para amenizar. E lembrei-me do Rogério quando perdeu uma luta em Las Vegas, à qual eu estava presente. Depois da luta eu lhe perguntei, preocupada:

– Está triste?

E ele respondeu, sério:

– É, isso foi um "pulo e uma panelada"!

E demos boas gargalhadas.

Rodrigo foi levado num jato às pressas para a Califórnia, onde foi examinado por um médico especialista, que lhe disse que não precisaria se submeter a uma cirurgia. Mas ele decidiu ir ao Colorado buscar uma segunda opinião com a equipe do médico que havia lhe operado os quadris. Lá, um ortopedista especializado em operar somente braços conversou com ele sobre a possibilidade de um cirurgia, segundo ele o procedimento mais seguro. A operação foi realizada com sucesso, e o médico garantiu que o braço operado estaria mais forte que o outro.

Recebi um telefonema do Rodrigo me tranquilizando de que estava tudo bem, que eu não precisava me preocupar. Acho que agora, depois da operação, ele estava mais seguro, sentindo que teria chance de se recuperar completamente e de voltar a lutar.

ANO-NOVO NO HAVAÍ COM RODRIGO E ROGÉRIO

Com o Rodrigo já de volta à Califórnia, Rogério me telefonou convidando para passar o Ano-Novo com os dois, pois Rodrigo estava fazendo fisioterapia intensiva e não podia interrompê-la.

Aceitei o convite de imediato, pois seria uma oportunidade de estar com eles e de empregar meus conhecimentos terapêuticos na recuperação do Rodrigo. Sabia que nessa época de final de ano, o inverno na Califórnia é rigoroso. Em outro telefonema, Rodrigo me falou:

– Traga dois tipos de roupas, porque talvez possamos passar uns dias num lugar mais quente.

– Mas e quanto ao seu braço? Não vai interromper a fisioterapia?

– Estou realmente querendo ir e levarei o fisioterapeuta comigo.

Eu podia imaginar o sorriso brincalhão estampado no seu rosto.

Cheguei ao meio-dia ao aeroporto de Los Angeles e, apesar do dia ensolarado, uma brisa muito fria requeria que eu estivesse realmente bem agasalhada. Rogério foi me buscar no aeroporto com um amigo. Notei que ele tinha uma aparência muito boa, mais descansada, provavelmente efeito da vitória em sua última luta.

De Los Angeles fomos para San Diego, de carro. Conversamos muito, colocando os assuntos em dia, pois já havia alguns meses que não nos víamos. Rogério estava feliz, falando sobre seus projetos futuros, e me levou para jantar num restaurante à beira-mar, onde ficamos apreciando as pessoas que, apesar do frio, "empacotadas", caminhavam pela orla de San Diego.

– Meu braço não está mal, veja! – disse Rodrigo mais tarde, quando nos encontramos, mexendo os dedos e mostrando-me seus movimentos.

Parecia um pouco pálido, provavelmente por causa da operação a que foi submetido.

– É, está melhor do que pensei – respondi, e conversamos sobre a possibilidade de eu colaborar com os tratamentos para sua recuperação. Ele me disse que tinha pensado em passar o *réveillon* fora da Califórnia. E dois dias depois partimos rumo ao Havaí.

Para mim era uma experiência e tanto, pois me lembrava da série policial *Havaí Cinco Zero,* dos anos 1980, e da sua música tema. Eu tinha ouvido dizer que a temperatura no Havaí nessa época era agradável, e era reconfortante pensar em sol e mar, pois a Califórnia estava muito fria. Conversando, me inteirei de que a viagem era demorada e de que o Havaí não fica tão distante do Japão, e portanto não me surpreendi ao ver tantos turistas japoneses. O tamanho da ilha de Oahu calculei quando a avistei pela janela do avião quando este se preparava para pousar. O verde vivo da ilha e suas praias, com imensos coqueirais, lembrava as praias tropicais do Brasil. Fiquei sabendo que a ilha fora formada por vulcões que, de vez em quando, ainda entram em erupção.

Saímos logo pela manhã para explorar a cidade de Honolulu. O movimento de turistas com seus colares de flores coloridas era intenso. Tratei de entrar no clima, arrumando para mim um colar e um chapéu. Um amigo que Rodrigo encontrou lá convidou-nos para um passeio de barco. Vi as enormes tartarugas nadando mansas por perto. Acho que já estavam acostumadas àquele vaivém. Os turistas saltavam dos barcos e mergulhavam nas águas calmas e mornas. O pôr do sol matizava o azul do mar com as nuvens cor de rosa, numa beleza surreal. Eu estava admirando a natureza quando ouvi Rodrigo dizer:

– Vamos jantar num restaurante aqui perto.

No restaurante, os retratos antigos, pendurados em paredes rústicas, me chamaram a atenção. Eram provavelmente fotos de nativos da ilha. Tinham os cabelos lisos escuros e uma pele morena. As mulheres, muito bonitas, lembravam nossas índias brasileiras.

Coquetéis de frutas típicas da região eram servidos em taças grandes decoradas, juntamente com sofisticados pratos de mariscos. A música ambiente tinha um som de um *reggae* alegre e descontraído. O tempo passou depressa entre o bate-papo e o delicioso jantar quando nos lembramos de que era hora de voltar para a sessão de fisioterapia, sempre seguida de uma sessão de acupuntura, que eu administrava juntamente com a moxa. Rodrigo estava usando os remédios homeopáticos e um suplemento vitamínico. Agora tinha um aspecto saudável e o semblante tranquilo de quem estava realmente curtindo as férias.

De manhã, andamos despreocupados pelas ruas de Honolulu, onde vimos de tudo um pouco, desde restaurantes de cozinhas diversificadas a bijuterias, cantores, pintores e um japonês fazendo *face painting* com *crayon*. Curiosa, parei para observar, pois havia me separado do grupo que formávamos por instantes. Resolvi esperar numa grande fila para que o meu retrato fosse pintado e gostei quando o pintor finalmente me mostrou o seu trabalho. Estava muito parecido, pensei. Queria que Rodrigo e Rogério fossem retratados também, mas não tivemos mais tempo, pois já havíamos programado um passeio à praia de Pipeline, onde fomos ver os surfistas que deslizavam sobre ondas gigantescas que se transformavam em grandes tubos de uma maneira fenomenal.

Esses surfistas eram muito corajosos, pois aquelas ondas eram realmente perigosas, e só os profissionais tinham permissão para surfar.

– Vou dar uma caída – me avisou Rogério, caminhando em direção ao mar. Nervosa, tentei impedi-lo.

– Não vê que os surfistas que enfrentam essas ondas são profissionais?

Com um sorriso, ele me tranquilizou:

– É brincadeira!

E ficamos na praia até quase escurecer, assistindo àquele espetáculo de ondas gigantescas.

Era a noite de 31 de dezembro de 2011. Íamos comemorar o Ano-Novo num bonito hotel de pilastras brancas, à beira da praia. Estávamos alegres por estarmos juntos, celebrando a passagem do ano em um lugar tão belo. No restaurante do hotel, todo decorado com purpurina brilhante, o jantar era servido em pratos enfeitados de flores. A música anunciou a passagem do ano e estouramos champanha, olhando os fogos de artifício que cintilavam, riscando o céu e caindo no mar, como uma chuva colorida. Uma banda tocava animada, e dançamos, festejando a entrada de 2012.

– O tempo passou muito rápido – disse Rodrigo, acertando seu relógio quando chegamos ao aeroporto de Los Angeles, de volta de Honolulu. – Vamos passar a noite aqui no hotel e amanhã vamos passear pela cidade.

O hotel em que ficamos era aconchegante e tinha uma decoração antiga, desde os lustres até a lareira, onde uma velha filmadora passava filmes mudos de Charlie Chaplin com músicas da mesma época dos filmes. Nosso jantar decorreu num clima agradável. Dormimos cedo nessa noite, pois estávamos muito cansados da longa viagem de volta.

A manhã seguinte estava fria, mas o sol brilhava intensamente. Percorremos uma rua perto da praia, que eu já havia visto pela TV e em filmes. Era uma rua muito movimentada, principalmente pelos *rollerbladers,* que passavam apressados, muitas das vezes puxando seus cachorros. Tinham os cabelos tingidos de azul, vermelho, amarelo, com cortes *punks*, sofisticados, o que me chamou a atenção. Havia nessa rua escritórios, com placas na entrada, que ofereciam prescrições para comercializar a erva vulgarmente chamada marijuana ou maconha. Ouvi dizer que, num acidente ou circunstância parecida, um juiz pode enquadrar o usuário dessa droga, apesar da prescrição.

Penso que a história é sempre a mesma: drogas legais ou ilegais, o efeito colateral é semelhante. Imagino quantos jovens enveredam por esse caminho enganoso, pensando que não vão se viciar, e acabam vítimas dessa armadilha. E vou andando, pensativa, quando um boneco estranho e grande me chama a atenção. Peço ao Rodrigo para tirar uma foto. Bijuterias, pinturas, cristais, incensos, eram comprados pelos turistas. Um rapaz magro, alto, negro, trajando roupa social, tocava violino, uma melodia belíssima. Os CDs espalhados sobre uma mesa eram vendidos a uma multidão que já o rodeava. Isso era muito bonito, pensei. Fiquei encantada com a sensibilidade daquele jovem. Uma boa música é realmente um remédio para a alma.

Estou voltando para casa e já sinto saudade do Rodrigo e do Rogério. Agradeço aos dois a oportunidade de vivenciarmos momentos especiais e inesquecíveis como o nosso *réveillon* no Havaí.

FORÇA MENTAL, SUPERAÇÃO

Saí muito cedo de casa, pois, antes de começar meu dia de trabalho na clínica, tinha que levar o cachorro de Rodrigo para andar. Era um buldogue francês de cor branca, com uma mancha preta na cabeça que parecia um chapéu. Tinha cara de manso e quieto, mas era travesso. Ele próprio se punha de castigo, entrando em sua casinha, quando fazia alguma coisa errada. Sua cara dá na gente vontade de lhe fazer um carinho. Dizem que os cachorros costumam se parecer com os donos, e fico observando as outras pessoas que passeiam com seus cães, pensativa, e me assusto quando meu celular toca.

– Mãe, você pode trazer meu cachorro aqui para o Rio de Janeiro? – indaga Rodrigo. Já sabendo qual seria minha resposta, ele acrescentou: – Traga-o, por favor. Ele é meu apoio psicológico.

Rodrigo sempre me pediu as coisas com um jeito carinhoso.

– Claro – respondi.

Eu estava pensando em ir visitá-lo. Fiquei sabendo que ele estava até correndo na praia e já tinha se recuperado bem de uma segunda cirurgia do quadril. Aproveitaria também para conhecer minha neta, filha do Rogério, que ainda não tinha tido a oportunidade de conhecer.

Cheguei muito cedo ao Rio, e Rodrigo já estava ansioso, me esperando. O cachorro saltou endoidecido de alegria, latindo muito quando o viu. Era difícil acreditar que o Rodrigo já estivesse completamente bom. Dois meses antes tínhamos nos encontrado em Miami, quando ele veio da segunda cirurgia do quadril. Estava acompanhado de sua fisioterapeuta, caminhando com dificuldade e usando muletas.

Quando o vi, lembrei-me dele aos 2 anos de idade, andando com as pernas engessadas, desafiando os limites do corpo. E me lembrei também de uma pergunta que um repórter me fizera recentemente:

– A que a senhora atribui essa recuperação tão rápida, essa superação, esses desafios do Rodrigo com o seu corpo? A senhora atribui isso aos genes?

Lembro que falei muito sobre o assunto. Como trabalho na área da saúde e fizera um curso sobre a fisiologia do corpo humano, pude responder apropriadamente ao repórter:

– A hereditariedade, como já é sabido, influi muito na formação física de uma pessoa, mas em minha opinião é impossível um ser humano responder de uma maneira extraordinária numa recuperação se não tiver também uma extraordinária força mental. Claro que o corpo humano tem um mecanismo voltado para a própria cura, algo que chamamos de força vital. Mas, se essa força não estiver atuando de uma maneira positiva, a cura será mais difícil de acontecer. Penso que essa força é ativada pela fé, e que está mais em um nível mental do que físico. Ou, quem sabe, espiritual? Sei que nossas limitações começam na infância, e sei também que se a mente, que não é limitada, aceitar mais as pessoas e interagir com o meio ambiente, ou com o todo, o universo, a cura se faz favorável.

Rodrigo e Rogério cresceram interagindo todo o tempo com a natureza, brincando com seus amiguinhos humildes, muitos negros, sem preconceitos, quebrando barreiras sociais. Desde pequenos, tinham uma fé inabalável. Agiam sempre de uma maneira positiva, facilitando que os que estivessem ao redor deles também crescessem. Isso quer dizer que a energia não fica estagnada, ela flui. Esta é a lei do universo em expansão, e essa energia trabalha a seu favor.

Além da hereditariedade dos genes, o que os tornou fortes também foi a alimentação natural, e seus corpos não foram agredidos com produtos químicos, antibióticos etc. Na maioria das vezes, eu os tratava com ervas naturais. Cresceram usando a medicina alternativa, o que até hoje faz parte da maneira de viverem, pois eu os incentivei nessa filosofia.

Outra forma de cura importante que eles usam como suporte físico e mental é a ioga. Rodrigo e Rogério sempre tiveram uma mente aberta quando precisavam recorrer à medicina alopata. E essa combinação sempre possibilitou a cura de uma maneira rápida e positiva. Isso eu conversei com eles, pois vi que nos hospitais da China eram usadas as duas medicinas, a alopata e a alternativa, simultaneamente, sem nenhum preconceito.

A TEMPESTADE

Entardece. Abro a porta da varanda do meu quarto. E no meu pequeno jardim vejo que os botões se abriram em rosas vermelhas. É primavera, lembro. O ar morno, pesado, anuncia tempestade. Os pinheiros altos, do outro lado do canal, dançam ao vento numa coreografia estranha e num ritmo desenfreado. Um raio corta o céu escuro e me lembro do Brasil. Lá, deitada na rede da varanda, na frente da casa, eu gostava de ver a chuva, que parecia mais uma cortina caindo sobre a cidade. "O tempo está escuro aqui! Está realmente para vir uma grande tempestade", penso. O vento resiste quando fecho a porta, e um barulho de vidros quebrados me chama a atenção. Foram os porta-retratos que enfeitam minha antiga penteadeira que se espatifaram no chão. Agacho e começo a catar as fotos, como a catar meu passado. A foto da minha mãe, ainda jovem, com um chapéu típico dos anos 1930, talvez, da época em que ela estudou num internato. Minha mãe me dissera que as freiras, suas professoras no colégio, eram imigrantes que tinham vindo para o Brasil depois da Segunda Guerra Mundial e contavam para as alunas os horrores da guerra, inclusive dos campos de concentração. Dissera-me também que essas freiras eram todas francesas, e que algumas somente ajudavam, pois não falavam português. Lá ela foi educada em aulas de pintura, piano, e aprendera a falar um pouco de francês. O colégio era de fé católica, o que influenciou muito minha mãe, que estava sempre a rezar.

Agora minha atenção se volta para a foto do meu pai, que, num terno marrom-escuro, me lembra Clark Gable, no filme *E o vento levou*. Pena que não tive a oportunidade de conhecê-lo melhor, pois meus pais se separaram quando eu ainda era criança.

De repente, um pensamento me ocorre como se rasgasse um véu na minha mente. Por que será que minha mãe gostava tanto do Rodrigo? Diziam que ele se parecia muito com meu pai. Ele a levantava no colo, pois ela era muito magrinha, e lhe dizia:

– Minha velhinha, quero uma bicota.

Ao que ela respondia:

– Se aquieta, menino – e desviava o rosto, sorrindo. Ela costumava guardar para ele suas comidas preferidas. Uma delas inclusive eram uvas, as quais ele comia, guloso, deitado no seu colo. Como ele a amava!

O vento agora uiva, entrando pela porta semiaberta, fazendo as cortinas balançarem, num barulho intenso, a chuva ora calma, ora barulhenta. "Será que vai estiar?", indago a mim mesma, vendo os pingos escorrerem pelas vidraças. Sinto uma imensa paz. Esta chuva parece lavar minha alma. Recosto nos travesseiros fofos da minha cama, tentando dormir, e o ruído da chuva parece uma música que embala meu sono.

Sonho com Rodrigo montado em seu pônei, num galope que se mistura ao barulho dos pingos da chuva. É um galopar em câmera lenta. Seus cabelos lisos e negros voam ao vento. Suas feições, ora rígidas, me lembram as de um samurai. Ora exibe um sorriso maroto, inocente, de uma criança que, vitoriosamente, venceu batalhas contra a morte. E o cavalo galopa, relinchando, ganhado o horizonte. Eu os vejo agora envolvidos numa aura de luz, como um espírito. Cavalgando atrás dele, vejo a figura de São Jorge, no seu cavalo branco como as nuvens, com uma capa muito grande, vermelha, transparente, voando ao vento. Seu elmo e sua espada reluzem de uma resplandecência que ofusca meus olhos. É uma mensagem! Ouço meu próprio suspiro e as imagens vão desaparecendo. "Rodrigo está protegido", penso. E, acenando, agradeço ter tido a oportunidade de vivermos juntos experiências que talvez resgatassem laços de outras tantas vidas.

Abro os olhos e uma fresta de luz invade a vidraça da porta e brinca no meu rosto, me acordando. "Que noite gostosa e bem dormida", penso. Sento na cama, pego a minha bíblia e abro no seguinte salmo: "... Ainda que eu andasse pelos vales das sombras da morte, não temeria mal algum, porque Tu estás comigo; a Tua vara e o Teu cajado me consolam" (Livro dos Salmos).

Levanto e dirijo-me para a cozinha, cantarolando, numa voz desafinada, a música de um conhecido cantor baiano: "É preciso estar atento e forte, não temos tempo de temer a morte...". E vou me lembrando dos meninos Rodrigo e Rogério, o Minotauro e o Minotouro, que nasceram na Bahia, na cidade de Vitória da Conquista.

MINOTAURO E SUAS BATALHAS VITORIOSAS CONTRA A MORTE E A SUPERAÇÃO

Dedico este livro aos meus filhos Rodrigo e Rogério. Ao Rogério, o Minotouro, pelo suporte dado ao irmão desde o meu ventre, quando o abraçava e se ouvia somente uma batida de coração, tirando menos o seu sustento embrionário em favor de Rodrigo. Quando o tirou de debaixo do caminhão que o acidentou. Quando abraçou a parede do hospital por horas, como para segurá-lo aqui na Terra. E em tantas outras vezes, como amigos inseparáveis na infância. Quando faziam juntos os deveres escolares. Na adolescência, período de difícil individualização, de formação de identidade, de personalidade. Quando deixou o curso de Direito, já quase terminado, e optou por seguir junto com Rodrigo a carreira de lutador. Nos treinos incansáveis, nos quais ninguém conseguia distinguir quem era o mestre e quem era o aluno. Preocupados um com o outro no dia a dia com os problemas da vida, celebrando as vitórias e chorando juntas as derrotas. E juntos pela vida afora. Quem sabe vindos de outras vidas ou de outras batalhas?

E assim foi para que o destino se cumprisse.

"QUANDO, NAVEGANDO NO MAR DA VIDA,
ESTE TE PARECER REVOLTO,
SEGUE O FAROL, A LUZ CONFIANTE,
E ESTA TE LEVARÁ AO PORTO."

Marina Correia
Miami, Outubro de 1990

"UM VERDADEIRO CAMPEÃO NÃO É
FEITO SÓ DO QUE PERDE
E DO QUE GANHA.
ISSO NÃO IMPORTA . . .
PEGA A LUTA SEM DESCULPA . . .
EU SOU UM HOMEM,
NÃO UM COVARDE. "

Rodrigo "Minotauro"

" ... LUTAMOS MUITO PARA QUE
O MMA CHEGASSE AONDE ESTÁ...

... PRECISA RESPEITAR
O BRASIL, QUE ESTÁ CHEIO
DE APAIXONADOS PELO ESPORTE! "

Rogério "Minotouro"

UFC
UFC

RODRIGO "MINOTAURO"

Nome: Antonio Rodrigo Correia Nogueira

Data de nascimento: 02 de junho de 1976

Local: Vitória da Conquista, BA, Brasil

Apelido: Minotauro, Big Nog

Altura: 1,91m

Peso: 110 quilos

Modalidade: jiu-jítsu, boxe, *muay thai* e *wrestling*

Faixa preta em *Brazilian jiu-jítsu*

Faixa preta em judô

HISTÓRICO DE LUTAS

08/06/13 – UFC on Fuel TV10 – Fortaleza, Brasil (derrota)

13/11/12 – UFC 153 – Rio de Janeiro – Brasil (vitória)

10/12/11 – UFC 140 – Toronto, Canadá (derrota)

27/08/11 – UFC Rio – Rio de Janeiro, Brasil (vitória)

20/02/10 – UFC 110 – Sydney, Austrália (derrota)

29/08/09 - UFC 102 – Portland, Oregon, EUA (vitória)

27/12/08 – UFC 92 The Ultimate – Las Vegas, EUA (derrota)

02/02/08 – UFC 81 – Las Vegas, EUA (vitória)

07/07/07 – UFC 73 – Sacramento, Califórnia, EUA (vitória)

31/12/06 – PRIDE FC Shockwave – Saitama, Japão (vitória)

10/09/06 – PRIDE Final Conflict Absolute – Saitama, Japão (derrota)

01/07/06 – PRIDE CRITICA Countdown Absolute – Saitama, Japão (vitória)

05/05/06 – PRIDE TOTAL Elimination Absolute – Osaka, Japão (vitória)

26/02/06 – PRIDE 31 Dreamers – Saitama, Japão (vitória)

26/06/05 – PRIDE Critical Countdown 2005 – Saitama, Japão (vitória)

31/12/04 – PRIDE Shockwave 2004 – Saitama, Japão (derrota)

15/08/04 – Luta interrompida, sem resultado

15/08/04 – PRIDE Final Conflit 2004 – Saitama, Japão (vitória)

20/06/04 – PRIDE Critical Countdown 2004 – Saitama, Japão (vitória)

25/04/04 – PRIDE Total Elimination 2004 – Saitama, Japão (vitória)

09/11/03 – PRIDE Final Conflict 2003 – Tóquio, Japão (vitória)

10/08/03 – PRIDE Total Elimination 2003 – Saitama, Japão (vitória)

16/03/03 – PRIDE 25 Body Blow – Yokohama, Japão (derrota)

23/12/02 – PRIDE 24 Cold Fury 3 – Fukuoka, Japão (vitória)

24/11/02 – PRIDE 23 Championship Chaos 2 – Tóquio, Japão (vitória)

28/08/02 – PRIDE Shockwave – Tóquio, Japão (vitória)

08/08/02 – UFO LEGEND – Tóquio, Japão (vitória)

24/02/02 – PRIDE 19 Bad Blood – Saitama, Japão (vitória)

03/11/01 – PRIDE 17 Championship Chaos – Tóquio, Japão (vitória)

(Ganhou o cinturão dos pesos pesados do PRIDE, 1º campeão)

24/09/01 – PRIDE 16 Beasts from the East – Osaka, Japão (vitória)

29/07/01 – PRIDE 15 Racing Rumble – Saitama, Japão (vitória)

24/02/01 – RINGS – King of Kings 2000 Final – Tóquio, Japão (3 vitórias)

09/11/00 – RINGS – King of Kings 2000 Block A – Tóquio, Japão (2 vitórias)

23/08/00 – RINGS – Millennium Combine 3 – Osaka, Japão (empate)

26/02/00 – RINGS – King of Kings 1999 Final – Tóquio, Japão (1 vitória e 1 derrota)

15/01/00 – WEF 8 – Goin' Platinum – Rome, Georgia, EUA (vitória)

28/11/99 – RINGS – King of Kings 1999 Block A – Tóquio, Japão (2 vitórias)

09/11/99 – WEF 7 – Stomp in the Swamp – Kennes, Los Angeles, EUA (vitória)

12/06/99 – WEF 6 – World Extreme Fighting 6 – Deland, Flórida, EUA (vitória)

Cartel de 44 lutas: 34 vitórias, sendo 21 por finalização, 8 derrotas, 1 empate e 1 luta que ficou sem resultado.

UFC

ROGÉRIO "MINOTOURO"

Apelido: Minotouro, Little Nog

Altura: 1,88m

Peso: 93 kg

Modalidade: jiu-jítsu, boxe, *muay thai* e *wrestling*

Medalha de ouro, em Buenos Aires em 2006, "Super Heavy Weight"

Medalha de Bronze, no Rio de Janeiro, em 2007, nos Jogos Pan--Americanos, "Super Heavy Weight"

HISTÓRICO DE LUTAS

2/2/13 – UFC 156 – Las Vegas, EUA (vitória)

10/12/11 – UFC 140 – Toronto, Canadá (vitória)

26/03/11 – UFC Fight Night – Seattle, Washington, EUA (derrota)

25/09/10 – UFC 119 – Indianapolis, Indiana, EUA (derrota)

29/05/10 – UFC 114 – Las Vegas, EUA (vitória)

21/11/09 – UFC 106 – Las Vegas, EUA (vitória)

09/05/09 – Jungle Fight 14 – Fortaleza, Brasil (vitória)

24/01/09 – Affliction Day of Reckoning –Anaheim, Califórnia, EUA (vitória)

01/11/08 – Sengoku – Sixty Battle – Saitama, Japão (vitória)

19/07/08 – Affliction – Banned – Anaheim, Califórnia, EUA (vitória)

01/02/08 – HCF – Destiny – Calgary, Alberta, Canadá (vitória)

24/02/07 – PRIDE 33 – Las Vegas, EUA (derrota)

01/07/06 – PRIDE FC Critical Countdown Absolute – Saitama, Japão (vitória)

26/06/05 – PRIDE FC Critical Countdown 2005 – Saitama, Japão (derrota)

23/04/05 – PRIDE FC Total Elimination 2005 – Osaka, Japão (vitória)

20/02/05 – PRIDE 29 Fists of Fire – Saitama, Japão (vitória)

19/07/04 – PRIDE Bushido 4 – Nagoia, Japão (vitória)

26/06/04 – Gladiator FC Day 1 – Seul, Coreia do Sul (vitória)

31/12/03 – PRIDE FC Shock Wave 2003 – Saitama, Japão (vitória)

16/03/03 – PRIDE 25 Body Blow – Yokohama, Japão (vitória)

23/12/02 – PRIDE 24 Cold Fury 3 – Fukuoka, Japão (vitória)

07/09/02 – DEEP 6th Impact – Tóquio, Japão (vitória)

08/08/02 – UFO Legend – Tóquio, Japão (derrota)

28/04/02 – PRIDE 20 - Armed and Ready – Yokohama, Japão (vitória)

09/03/02 – HOOK'N'SHOOT Overdrive – Evansville, Indiana, EUA (vitória)

18/08/01 – DEEP 2001 2nd Impact – Yokohama, Japão (vitória)

Cartel de 26 lutas: 21 vitorias e 5 derrotas.